中國大陸
勞動合同法
解析與案例

李英明　著

中國勞動合同法上路，引爆臺商失業潮？

勞動合同法對勞動者與企業主將產生哪些影響？

藉由本書，讓您一手掌握勞動合同法的精髓要義！

三民書局

國家圖書館出版品預行編目資料

中國大陸勞動合同法解析與案例／李英明著.－－初
版一刷.－－臺北市：三民，2008
　　面；　公分
　　參考書目：面
　　ISBN 978-957-14-5099-5　（平裝）
　1.勞動法規 2.人事管理 3.人力資源管理 4.中國

556.84　　　　　　　　　　　　　　　97017587

©　中國大陸勞動合同法解析與案例

著 作 人	李英明
責任編輯	黃麗瑾
美術設計	陳健茹
發 行 人	劉振強
著作財產權人	三民書局股份有限公司
發 行 所	三民書局股份有限公司
	地址　臺北市復興北路386號
	電話　(02)25006600
	郵撥帳號　0009998-5
門 市 部	(復北店) 臺北市復興北路386號
	(重南店) 臺北市重慶南路一段61號
出版日期	初版一刷　2008年10月
編　　號	S 571360

行政院新聞局登記證局版臺業字第○二○○號

有著作權‧不准侵害

ISBN　978-957-14-5099-5　（平裝）

http://www.sanmin.com.tw　三民網路書店

自 序

　　經常有人問我，中國大陸的投資環境如何？也有學生問我，如果前往中國大陸工作，當地的就業環境如何？我想這些問題，很難一概而論。所謂的「環境」，時常又牽涉複雜的、多層次的各種小環境。大體來說，過去藉由提供外資企業成本低廉的投資環境，使得中國大陸不但吸引了世界級的跨國企業蜂擁而至，進一步成為國際企業心目中的「世界工廠」。多年來，隨著市場經濟的快速發展，中國大陸更逐漸形成了龐大的內需市場，也逐步登上「世界市場」的寶座。從「工廠」轉變為「市場」，不僅是頂尖的外資企業，乃至全球各地的商業組織，也都更加地有興趣了；然而，卻也使得這個充滿機會的投資環境，變得極度競爭。近年來，在提供外商的投資環境方面，我們已經可以觀察到中國大陸中央與地方政府在態度上的改變，包括土地優惠、減稅制度，早已逐步縮減。

　　在過去，與中國大陸距離最近，且同文同種的許多臺灣企業，腳步很快地搶占了商機。精打細算一番，便宜且數量龐大的勞動力，正是最主要的魅力之一。然而，2008 年 1 月 1 日開始施行的「勞動合同法」，卻令許多臺灣企業充滿疑慮，甚至卻步或轉戰其他投資地點。究竟大陸的勞動合同法當中隱藏了什麼樣的意涵？身為臺灣企業對於勞動合同法有哪些應該特別留

意之處？另一方面，如果有意願前往中國大陸工作，此項新法
將對個人產生什麼樣的影響？自從 2007 年 6 月 29 日中共全國
人大常委會通過這項「勞動合同法」之後，我不斷地被問到這
些問題，因此，我嘗試透過對中共意識型態的發展以及對法條
本身的解讀，提供臺商以及對此法有興趣的個人，一條理解此
項新法的途徑，並盡可能地運用案例，使艱澀難懂的法律，更
加容易理解。

　　本書為了使讀者深入透析「勞動合同法」並兼具實用性，
不但比坊間同類書籍更鉅細靡遺地將法律逐步釋義，幾乎每一
項條文都可以在本書中找到解讀，同時也能兼顧實務，以大量
的案例提供讀者體會、應用與思考。由於「勞動合同法」並沒
有完全取代原有的「勞動法」，因此本書亦將實務上必須依據「勞
動法」的情況，納入本書的內容，使從未接觸過「勞動法」的
讀者，仍能在兩法並存的時空中，輕鬆地理解與操作。

　　本書一共分為十二章。前二章分別從勞動關係演變與中共
意識型態的角度，概述中國大陸的人力資源環境，以及「勞動
合同法」與「勞動法」的主要差異。第三章至第十章，為「勞
動合同法」的核心內容，詳實地闡述了職工的招聘任用、勞動
合同的簽訂與用人單位的義務、員工培訓、競業限制與違約金
的規定、工時制度與工資管理、職工的福利與社會保險、勞務
派遣與非全日制用工、辭退職工、勞工爭議與勞工保護、勞動
合同的變更、解除與終止。最後，為了使臺商幹部或中國大陸

的工作者，能夠多加注意個人所得稅的問題，因此在本書末了大致介紹中國大陸個人所得稅的相關規定，並在最後一章，筆者以研究者的角度，提出個人的淺見，期望對於臺商企業有所幫助。最後必須強調的是，讀者除了理解「勞動合同法」等位階較高的法律之外，也應盡可能注意相關單位或地方政府所發布的「解釋」或實施要點，由於各地區往往有所差異，企業應保持警覺，以保護企業運作的安全。實筆者誠心認為，法理不外人情，法律的規定理當依循，但法律之外，身為進步的臺商企業，應更能提升人性化的管理，許多必須訴諸法律途徑解決的難題，有時在人性中，就能疏通。

本書的完成，要感謝陳怡鈞同學、吳宗翰同學的資料收集與校對整理，他們的聰敏慧黠與務實的精神，給予筆者在本書的研究上很大的幫助，另外，更要感謝三民書局的出版，使知識得以傳播給需要的讀者。本書的出版，並非為了成為指導性的書籍，而是為了分享筆者的研究結果，由衷期待各位先賢不吝指正賜教。

李英明

中國大陸勞動合同法
解析與案例
contents

第 章

中國大陸人力資源環境概述

一、中國大陸勞動關係的演變與發展趨勢

中國大陸近年來以「和諧社會」作為發展方針，並且對勞動關係重新加以定位，進而提出「勞動合同法」。在了解勞動合同法之前，應先深入探索這部法律背後所隱含的重要概念，其次，中國大陸作為社會主義國家，中國共產黨的影響力始終如影隨形地滲入社會的每一個角落，因此，透過對黨與工會的了解也有助於對大陸人力資源環境的認識。

和諧社會概念的緣起與意義

中共在 2006 年十六屆六中全會上通過了《中共中央關於建構社會主義和諧社會若干重大問題的決定》，奠定了以「和諧社會」作為治國方針的基礎，而吾人談及和諧社會的概念時，則需先回歸到和諧社會概念發起的歷史脈絡，或許更能理解和諧社會的意涵。

事實上，「建構社會主義和諧社會」概念的完整提出，應是在 2004 年十六屆四中全會上，在當時所通過的文件《中共中央關於加強黨的執政能力建設的決定》中，將和諧社會列為中國共產黨五大執政能力之一。在此文件中，清楚地宣示必須加強黨的執政能力，

而執政能力強化的主要任務即包括：按照推動社會主義物質文明、政治文明、精神文明協調發展的要求，不斷提高駕馭社會主義市場經濟的能力、發展社會主義民主政治的能力、建設社會主義先進文化的能力、建構社會主義和諧社會的能力、應對國際局勢和處理國際事務的能力。

　　值得一提的是，中共前國家領導人江澤民正式在該會上辭去中央軍委會主席一職，並把主席一職交給胡錦濤，該職務的交接則象徵著胡錦濤完成領導權力的最後一塊拼圖，因此，該會所做的加強黨執政能力的宣示，在某種程度意義上，代表著胡錦濤自接班以來，對於進行黨的改造的企圖。若從另一個層面來看，一般咸認，胡錦濤當時正逐步完成接班，對於他的接班，事實上仍出現些許的雜音，包括江系人馬的圍繞以及黨的內部問題等，使胡錦濤在接班過程中倍感艱辛。因此，該會所通過的加強黨執政能力的文件，可說是對胡錦濤正式「肯定」，或許吾人亦可將此文件視為胡錦濤的「試金石」。更可甚者，吾人可把這次會議的決定，視為真正在胡錦濤領導下所做的政策方針。

　　中國大陸在伴隨改革開放以來一味追求經濟成長的結果，加上其政左經右的發展策略，已使把持國家機器的中共中央對經濟發展與社會生活的影響力日漸低落，進而衍生「形左實右」的矛盾，進一步動搖了中共在統治上的意識型態基礎，亦削弱中共的統治能力與正當性。

　　因此，2006 年的十六屆六中全會上，中共正式通過了將和諧社

會作為政策主軸的宣示，吾人若從執政正當性的角度來解讀的話，從十六屆三中以來，許多人對於胡錦濤執政正當性多所質疑，回顧歷史，毛澤東以個人權威、鄧小平以經濟發展作為各自的政權正當性基礎，胡錦濤將以何作為其正當性來源？或許這份和諧社會的政策宣示，就是胡錦濤所企圖打造的統治基礎。

和諧社會的宣示，除了作為胡錦濤統治基礎的工具外，就實質面來看，乃是中共希望藉以化解社會矛盾的持續過程，換言之，中共認知到中國大陸內外矛盾的不斷深化，將進一步危及其統治基礎，因而將推行和諧社會的概念作為化解矛盾的工具。

和諧社會作為治國方針的主要功能

如同前文所述，自中共推行改革開放以來，以往長期在「經濟發展」與「社會公義」之間發生矛盾，從而導致在「效率」和「公平」之間反覆爭論。改革開放之初，中共的方針是「效率優先，兼顧公平」，結果就是在取得建設成就的同時，產生了社會不公，而此所衍生的社會問題更已阻礙改革的腳步。而中共提出所謂「社會主義初級階段」的說法，是以強化發展作為政策的主軸，卻忽略了追求「公平」和「效率」之間的矛盾，為化解此一矛盾，中共乃提出了一個新的改革目標，即建立公平效率並重的「和諧社會」，以圖統一各界力量，弱化分歧。

中共在其《十六大報告》中曾提及，希望在 2020 年達到全面小康社會的境界，但事實上，中國大陸要達到此境界尚有一大段路要

走，諸如在社會上因為經濟快速發展而導致的發展不均衡，包括了地區差距、城鄉差距、貧富差距等等，由此所衍生的社會問題更是層出不窮。

城鄉及地區差距的擴大，則凸顯了分配不公的矛盾。雖然改革開放中農村有了發展因素，但相對的，城市的發展卻更快、更好。因而吾人若從城鄉收入來看，廿世紀八〇年代農村實行家庭聯產承包制，城鄉收入差距為 1：1.8，九〇年代則擴大到 1：2.5，而 2003 年，城鄉差距更擴大到 1：3.2。如果將城鄉居民收入的計算方式、稅賦負擔、社會保障、基礎設施等因素綜合考慮，差距則遠超過三倍以上。

從地區差距來看，儘管相繼實施了西部大開發、中部崛起、振興東北老工業基地等戰略，但是東中西部的相對差距仍呈現擴大趨勢。此外，貧富差距拉大的問題，更是不可忽略。

在《中共中央關於建構社會主義和諧社會若干重大問題的決定》中廣泛地指出：「城鄉、區域、經濟社會發展很不平衡，人口資源環境壓力加大；就業、社會保障、收入分配、教育、醫療、住房、安全生產、社會治安等方面關係群眾切身利益的問題比較突出；體制機制尚不完善，民主法制還不健全；一些社會成員誠信缺失、道德失範，一些領導幹部的素質、能力和作風與新形勢新任務的要求還不適應；一些領域的腐敗現象仍然比較嚴重；敵對勢力的滲透破壞活動危及國家安全和社會穩定。」

從上述文字吾人不難看出，目前中國社會正面臨多項問題的挑

戰。在經濟發展的過程中最令人擔憂的就是分配不均的問題，由此也衍生出民生、貪腐、社會差距等難題，此點卻正是採「摸著石頭過河」、「讓一部分的人先富起來」策略的弊病。中國經濟經過將近三十年的成長，其所伴隨而來的社會問題也正考驗著中共當局。

在闡述中國大陸所面臨的問題後，值得吾人省思的就是中共如何或採取何種策略藉以消弭這種社會的不公義現象，最重要的無非就是本文所談到的「和諧社會」概念。《中共中央關於建構社會主義和諧社會若干重大問題的決定》中談到有關建構社會主義和諧社會時指出：「到二〇二〇年，建構社會主義和諧社會的目標和主要任務是：社會主義民主法制更加完善，依法治國基本方略得到全面落實，人民的權益得到切實尊重和保障；城鄉、區域發展差距擴大的趨勢逐步扭轉，合理有序的收入分配格局基本形成，家庭財產普遍增加，人民過上更加富足的生活；社會就業比較充分，覆蓋城鄉居民的社會保障體系基本建立；基本公共服務體系更加完備，政府管理和服務水平有較大提高；全民族的思想道德素質、科學文化素質和健康素質明顯提高，良好道德風尚、和諧人際關係進一步形成；全社會創造活力顯著增強，創新型國家基本建成；社會管理體系更加完善，社會秩序良好；資源利用效率顯著提高，生態環境明顯好轉；實現全面建設惠及十幾億人口的更高水平的小康社會的目標，努力形成全體人民各盡其能、各得其所而又和諧相處的局面。」

原則上，吾人可以把和諧社會當作一種標準、一種信念或一種戰略思考，也就是說，這是中共在面臨到國家社會之間存在極大矛

盾時所採取的解決策略，而此策略是廣泛地運用在每一個層面，包括法制、發展差距、公共體系、政府管理、社會保障、科學文化、社會秩序等，故而吾人從此角度出發，便不難理解和諧社會所代表的意涵，對於本書亟欲理解勞動合同法所帶來的影響與意義將更有助益。

勞動合同法作為體現和諧社會之一環

　　一般咸認，勞動合同法的通過從法律發展的角度來看，是部走在時代前端的法律，在此將先談勞動合同法與和諧社會之間的關係，以及勞動合同法對於中國大陸所具備的意義。

　　如前所述，中國大陸在發展過程中產生社會各層次之間的矛盾局面，而其中關乎中共統治基礎的重要成分，就是勞工。作為一個社會主義國家，中共對勞工的保護與照顧，是直接起強化的作用，中共目前欲強調社會的和諧發展，其中最主要的成分即在於強調穩定的社會關係，而社會關係中占重要地位的就是勞資關係。過去在強調經濟發展效率的目標下，對於不管是外資、陸資、甚至臺資企業，雖然有 1994 年制訂「勞動法」的規範，但終究「上有政策、下有對策」，加上每個地區對待企業的方式與態度的不同，勞工權益的保護始終無法達到政府的要求，勞工對於其權益保護的聲浪也不斷出現。

　　不過，從中共統治的角度來看，中共企圖透過勞動合同法強化勞工權益保護外，事實上中共更希望透過制度化的安排，以穩定勞

工的心，進而勞工可以更加專注於企業的生產，進一步穩定勞資關係，最終將使得經濟發展所衍生出的勞資問題、分配不均的問題影響能降至最低。

換言之，中共對於勞動合同法的概念基本上是以安定社會為基礎，因此，若吾人觀察勞動合同法的條文精神，最重要的就是希望全面性地提升勞工的權益，既然在中共的觀念中，勞動關係是社會關係的基礎，自然對於勞動關係的保障即成為制訂勞動合同法的基礎。

《中共中央關於建構社會主義和諧社會若干重大問題的決定》中指出，建構社會主義和諧社會，要遵循以下原則：「必須堅持以人為本；必須堅持科學發展；必須堅持改革開放；必須堅持民主法治；必須堅持正確處理改革發展穩定的關係；必須堅持在黨的領導下全社會共同建設。」其中首先談到的就是以人作為和諧社會的出發點，筆者認為，勞資關係中關乎人的角色與功能是最能彰顯的角度，尤其在中國大陸作為社會主義國家而言，從人的角度帶出對勞動者的關照，是最自然不過的事情。

因此，在和諧社會概念下，勞動合同法絕不僅具有作為保障勞工的法律意義而已，相對地，它更是在整個中共國家發展策略方針下的產物，也是在體現和諧社會政策中，最重要的一環。

二、黨與工會在勞動關係中的角色

大陸工會組織的基本概念來自於「工人階級是領導階級，工會

是這個階級的群眾組織」。大陸在改革開放之後，勞動者仍被尊稱為「主人翁」。強調社會主義革命與國家經濟建設，也被勞動者視為巨大的任務，因此造成工人團體（工會）在大陸社會上的特殊地位。大陸工會是在共產黨領導下成立的法人團體，而共產黨就是工人階級的先鋒隊。因此，工會不只是勞雇關係中，經營者的相對者，更是其社會階級性、政治性及群眾性的一種工人組織。而且工會領導人幾乎全是共產黨員，接受基層共產黨委員會的指導。

依照大陸中共中央組織部、中華全國總工會及共青團中央的說法及規定，為宣傳共產黨方針政策，監督企業生產及經營活動，做好職工的思想政治工作，引導職工與外資企業合作共事，並維護職工的合法權益等理由，依照《中國共產黨章程》第二十九條規定，企業、農村、機關、學校、科研院所、街道社區、社會團體、社會仲介組織、人民解放軍連隊和其他基層單位，凡是有正式黨員三人以上的，都應當成立黨的基層組織。亦即在外商投資企業中，有三名以上共產黨員者，應該建立中國共產黨基層組織，同樣的，大陸「公司法」第十七條也有類似的規定。

就實務而言，成立黨委員會的外商投資企業，只要外方經營者允許，黨委員會（黨支部）就可根據共產黨組織倫理，選出領導者、黨書記和其他幹部，同時展開各項活動。黨書記原則上為兼任，如有必要時可專任。黨委員會活動為宣傳黨中央的政策，確立職務規則、吸收與培養黨員、工會的指導等。黨委員會對工會的決策有一定程度的影響力。外商投資企業除了設立黨組織外，還應設立共產

黨青年團組織；青年團組織是在企業黨組織的領導下，展開團結青年職工，帶動青年遵守企業制度，認真學習各種知識等多項任務的責任。❶ 無法成立黨支部的小企業，也應成立團小組。

工會在企業中的角色

勞動法第七條規定，勞動者有權依法參加和組織工會。工會代表和維護勞動者的合法權益，依法獨立自主地開展活動。第八條規定，勞動者依照法律規定，通過職工大會、職工代表大會或者其他形式，參與民主管理或者就保護勞動者合法權益與用人單位進行平等協商。依照大陸「工會法」及「勞動法」等勞動管理法令之規定，職工在二十五人以上的外商投資企業，應成立基層工會組織，並報企業所在地市（縣）總工會批准及接受上一級工會領導。基層工會成立工會委員會，由其負責召開會員大會或會員代表大會，以便展開各種會務活動。

2006 年 7 月 29 日，美國零售業巨擘沃爾瑪 (Wal-Mart) 在福建晉江店正式成立第一家工會，引起國內外工會的強烈回響和社會各界關注。沃爾瑪成立工會是中國工會史上的一件大事，也使其他外資企業受到很大的影響。2006 年 9 月 29 日，沃爾瑪汕頭南國店工會成立，全國三十個城市中的六十二家沃爾瑪全部建立工會組織，一共六千多名會員。

此外，濟南市總工會要求臺資企業大潤發超市成立工會。隨後，

---

❶ 蕭新永，《大陸臺商人力資源管理》，臺北：商周文化，2007，頁 315-316。

深圳也讓名列世界五百大的企業麥德龍 (Metro) 成立了工會。因此，外商投資企業在未來的幾年，不可避免的將會逐漸成立基層工會——即使部分臺商基於臺灣經驗，大都不喜歡籌組工會。目前仍有許多外商企業尚未組建工會，雖然沒有組建工會並不算違法，但大陸上級工會卻以「指導企業職工組建工會，任何上級工會可以派員幫助單位和個人不得阻撓」為法律規定的指導原則，派員介入企業內部，一手指導組建事宜。

2006 年年底，深圳市總工會採取堅決措施，直接向富士康企業派駐工委會，成立富士康科技集團工會。富士康組建工會的特點，非以一般的「企業內部成立工會」模式，而是由深圳市總工會強制介入派駐工會組織的形式。因此，臺商企業在大陸上級工會「關心」之下，恐怕很難避免組建工會。❷

㈠廣大職工的保護者

工會代表職工的利益，依法維護職工的合法權益，並透過職工代表大會或者其他形式，組織職工參與本單位的民主決策、民主管理和民主監督。大陸工會的基本權利和義務規範於工會法、中外合資經營企業法實施條例、勞動法及勞動合同法，其要點包括：

⑴工會是職工利益的代表，有權代表職工與企業簽訂集體合同。

⑵工會有權對企業執行國家和政府有關工資、勞動保險、勞動保護、

---

❷　蕭新永，《大陸臺商人力資源管理》，臺北：商周文化，2007，頁 306-308。

環境保護、工業衛生及生產安全等法律、法規和規章的執行情況
進行監督。

⑶工會有權依法維護職工的民主權利和物質權利，保護女職工的特
殊權利和利益。

⑷企業解除勞動合同，工會若認為不妥，有權提出意見；企業違反
法律法規和勞動合同，工會有權要求重新處理；勞動者若申請仲
裁或者提出訴訟，工會依法給予支持與幫助。

⑸企業延長工時，應與工會與勞動者協商一致。

⑹工會應組織職工學習政治、科技和業務知識，協助企業開展業務、
技術培訓及各種文娛、體育活動。

⑺工會應關心職工生活、協助和監督企業安排和合理使用企業福利
基金和獎勵基金，辦好職工集體福利事業。

⑻企業若有違法情形如課扣職工工資、不提供勞動安全衛生條件、
隨意延長勞動時間、侵犯女職工和未成年工特殊權益等嚴重侵犯
職工勞動權益的情事，工會可以要求企業改正。如拒不改正，工
會可以請求當地人民政府依法作出處理。❸

　　㈡規章制度與重大事項的重要審核者

　　勞動合同法第四條指出，用人單位應當依法建立和完善勞動規
章制度，保障勞動者享有勞動權利、履行勞動義務。用人單位在制
定、修改或者決定有關勞動報酬、工作時間、休息休假、勞動安全

❸　蕭新永，《大陸臺商人力資源管理》，臺北：商周文化，2007，頁 306-308。

衛生、保險福利、職工培訓、勞動紀律以及勞動定額管理等直接涉
及勞動者切身利益的規章制度或者重大事項時，應當經職工代表大
會或者全體職工討論，提出方案和意見，與工會或者職工代表平等
協商確定。在規章制度和重大事項決定實施過程中，工會或者職工
認為不適當的，有權向用人單位提出，通過協商予以修改完善。用
人單位應當將直接涉及勞動者切身利益的規章制度和重大事項決定
公示，或者告知勞動者。

　　用人單位的規章制度是用人單位制定的組織勞動過程和進行勞
動管理的規則和制度的總和，也稱為企業內部勞動規則，是企業內
部的「法律」。規章制度內容廣泛，包括對經營管理的各個方面。根
據 1997 年 11 月勞動部頒發的《關於對新開辦用人單位實行勞動規
章制度備案制度的通知》，規章制度主要包括：勞動合同管理、工資
管理、社會保險福利待遇、工時休假、職工獎懲及其他勞動管理規
定。用人單位制訂規章制度，要嚴格執行國家法律、法規的規定，
保障勞動者的勞動權利，督促勞動者履行勞動義務。制訂規章制度
應當體現權利與義務一致、獎勵與懲罰結合，不得違反法律、法規
的規定。否則，就會受到法律的制裁。本法第八十條規定，「用人單
位直接涉及勞動者切身利益的規章制度違反法律、法規規定的，由
勞動行政部門責令改正，給予警告；給勞動者造成損害的，用人單
位應當承擔賠償責任」。❹

---

❹　全國人大常委會法制工作委員會編，《中華人民共和國勞動合同法釋義》，
　　2007，北京：法律出版社，頁 13-17。

(三)確保勞動者民主參與的維持者

規章制度的大多數內容與職工的權利密切相關，讓廣大職工參與規章制度的制定，可以有效地杜絕用人單位獨斷專行，防止其利用規章制度侵犯勞動者的合法權益。規章制度制定程序，是職工參與企業民主管理的過程。勞動法第八條規定，「勞動者依照法律規定，通過職工大會、職工代表大會或者其他形式，參與民主管理或者就保護勞動者法權益與用人單位進行平等協商」。

大陸工會法第三十八條第一款規定，「企業、事業單位研究經營管理和發展的重大問題應當聽取工會的意見；召開討論有關工資、福利、勞動安全衛生、社會保險等涉及職工切身利益的會議，必須有工會代表參加」。大陸公司法第十八條第三款規定，「公司研究決定改制以及經營方面的重大問題、制定重要的規章制度時，應當聽取公司工會的意見，並通過職工代表大會或者其他形式聽取職工的意見和建議」。在立法過程中，草案曾經規定，「規章制度涉及勞動者切身利益的，應當經工會、職工大會或者職工代表大會討論通過，或者通過平等協商作出規定」。大陸「全民所有制工業企業職工代表大會條例」規定，屬於職工代表大會職權範圍的企業規章制度，應當經職工代表大會審議通過。❺

根據勞動合同法上述的規定，制訂規章制度或者決定重大事項，

---

❺ 全國人大常委會法制工作委員會編，《中華人民共和國勞動合同法釋義》，2007，北京：法律出版社，頁 13-17。

應當經職工代表大會或者全體職工討論，提出方案和意見，與工會或者職工代表平等協商確定。一般來說，企業建立了工會的，與企業工會協商；沒有建立工會的，與職工代表協商。在充分聽取意見，經過民主程序後，由用人單位確定。這種程序，可以說是「先民主，後集中」。此外，直接涉及勞動者切身利益的規章制度和重大事項決定應當公示，或者告知勞動者。關於告知方式有很多種，實踐中，有的用人單位是在企業的告示牌張貼告示；有的用人單位是把規章制度作為勞動合同的附件發給勞動者；有的用人單位是向每個勞動者發放員工手冊。無論哪種方式，都應當讓勞動者知曉，以便遵守執行。❻

(四)勞資雙方的協調者

勞動合同法第六條規定，工會應當幫助、指導勞動者與用人單位依法訂立和履行勞動合同，並與用人單位建立集體協商機制，維護勞動者的合法權益。

由於工會是職工自願結合的工人階級的群眾性組織。維護職工合法權益是工會的基本職責。根據大陸工會法的規定，工會在維護全國人民總體利益的同時，代表和維護職工的合法權益。工會必須密切聯繫職工，聽取和反映職工的意見和要求，關心職工的生活，幫助職工解決困難，全心全意為職工服務。工會依照法律的規定通

---

❻　全國人大常委會法制工作委員會編，《中華人民共和國勞動合同法釋義》，2007，北京：法律出版社，頁 13-17。

過職工代表大會或者其他形式，組織職工參與本單位的民主決策、民主管理和民主監督。按照勞動法、工會法等法律的規定，各級工會組織享有廣泛的權利，如參與民主管理、簽訂集體合同和幫助、指導勞動合同的訂立和履行、監督勞動合同的解除、監督勞動安全衛生、參與解決勞動爭議等。這些權利行使的主要目的是為了維護職工的合同權益。因此，這些權利也是工會的職責。

在現實當中，許多勞動者的知識文化水平低落，尤其是大量農民工，不了解勞動合同，立法者便希望透過工會指導與協助，來幫助勞動者。工會有利於勞動法、勞動合同法等法律的宣傳和貫徹執行。

最重要的，工會通常作為與用人單位建立集體協商機制的代表。集體協商機制是工會作為職工方代表與企業方就涉及職工權利的事項，為達到一致意見而建立的溝通和協商解決機制。建立集體協商機制的用意，是為了維護用人單位職工具體的權利。

工會法第六條規定，工會通過平等協商和集體合同制度，協調勞動關係，維護企業職工的勞動權益。集體協商的內容包括職工的民主管理，簽訂集體合同和監督集體合同的履行，涉及職工權利的規章制度的制訂、修改，企業職工勞動報酬、工作時間和休息休假、保險福利、勞動安全衛生、女職工和未成年工的特殊保護、職工培訓及職工文化體育生活，勞動爭議的預防和處理以及雙方認為需要協商的其他事項。企業工會與用人單位建立集體協商機制，定期或不定期地就上述事項進行平等協商。經協商達成一致意見的，工會一方應當向職工傳達，要求職工遵守執行；企業方也應當按照協商

結果執行。**❼**

企業對於工會的管理

　　根據工會法及勞動法規定，工會召開會務活動時不得占用生產時間，如遇特殊情況要先徵求企業同意，始准占用生產工作時間。工會委員會一般不脫離生產，但企業兼職工人數較多的，可按照規定設置適當的脫產專任委員（按：脫產即脫離生產，意指離開原工作崗位，在此指工會委員會委員不須兼職生產工作）。外商投資企業的大陸職工可自願加入基層工會，按規定繳納會費。外籍幹部只要贊成《中國工會章程》，便可自願申請加入工會組織，繳納會費即可展開活動。因此，臺商企業在工會成立之初，為了辦好工會活動，服務職工起見，應可規劃以臺籍幹部為工會委員，甚至成為工會領導人。

　　根據規定，企業成立工會時，應為工會組織提供必要的房屋及設備，用於辦公、會議、舉辦職工集體福利、文化、體育事業。此外，工會經費的來源有二：其一為工會會員所繳納的會費，另一為企業每月按全體職工（不是指加入工會之職工人數）實發工資總額約 2% 撥給工會，用以展開工會活動。

　　在大陸的國有企業之工會為了發展工會活動，需要更多的經費，常以工會名義舉辦各種營利事業，以保障經費收入。例如，工會會

---

❼　全國人大常委會法制工作委員會編，《中華人民共和國勞動合同法釋義》，2007，北京：法律出版社，頁 21-23。

設立餅乾麵包店、文具用品店、旅行社、飯店等事業，儼然成為龐大事業體。但是，工會的事業活動如果過度發展，又沒有好好管理的話，可能危及公會的正常作業以及企業發展，徒增營運負擔，甚至產生經營困難及負債情況，因此有需要在勞動協約上加以限制。❽

---

❽　蕭新永，《大陸臺商人力資源管理》，臺北：商周文化，2007，頁 306-308。

notebook

....
....
....
....
....
....
....
....
....
....
....
....
....
....
....
....
....
....

第 *2* 章

「勞動合同法」與「勞動法」的主要差異

　　勞動合同法對於勞動法中已經規定的事項，部分採取保留、延伸，也有修正與新增規範事項。其兩者的差異，主要為適用範圍的擴大、勞動合同簽訂的強制性、促進無固定勞動合同的簽訂、強化勞動者在試用期間的權利、限制服務期條款、競業限制條款與違約金的約定、經濟補償金範圍的擴大、對兼職進行規定、規範勞務派遣與非全日制用工的勞動關係，以及更詳備的勞動合同內容條款等，以下就各項差異分述之。

因應市場經濟的發展，擴大適用的範圍

　　根據勞動法第二條，「在中華人民共和國境內的企業、個體經濟組織（以下統稱用人單位）和與之形成勞動關係的勞動者，適用本法。國家機關、事業組織、社會團體和與之建立勞動合同關係的勞動者，依照本法執行」以及 1995 年勞動部《關於貫徹執行「中華人民共和國勞動法」若干問題的意見》，勞動法的適用範圍具體為：(1)各類企業和與之形成勞動關係的勞動者；(2)個體經濟組織和與之形成勞動關係的勞動者；(3)國家機關、事業組織、社會團體實行勞動合同制度的以及按規定應實行勞動合同制度的工勤人員；(4)實行企業化管理的事業組織人員；(5)其他通過勞動合同與國家機關、事業

組織、社會團體建立勞動關係的勞動者。排除了公務員和比照實行
公務員制度的事業組織和社會團體的工作人員，及農村勞動者（鄉
鎮企業職工和進城勞工、經商的農民除外）、現役軍人和家庭保姆等。

　　按照當時的設計，就是將勞動者分為兩部分：一部分是公務員
和參照公務員管理的人員，按照公務員進行管理；一部分是工人，
按照勞動法進行管理。隨著市場經濟的發展，勞動關係呈現多樣化，
勞動法的調整範圍已不適應勞動關係客觀發展的需要。因此，勞動
合同法在勞動法的基礎上，擴大了適用範圍：增加了民辦非企業單
位等組織作為用人單位，並且將事業單位聘用制工作人員也納入本
法調整。勞動合同法第二條，「中華人民共和國境內的企業、個體經
濟組織、民辦非企業單位等組織（以下稱用人單位）與勞動者建立
勞動關係，訂立、履行、變更、解除或者終止勞動合同，適用本法」。

　　細究在勞動合同法中所指的企業、個體經濟組織、民辦非企業
單位等組織，其中企業是指以營利為目的的經濟性組織，包括法人
企業和非法人企業，是用人單位的主要組成部分。個體經濟組織是
指僱工七人以下的個體工商戶。民辦非企業單位是指企業事業單位、
社會團體和其他社會力量以公民個人利用非國有資產舉辦的，從事
非營利性社會服務活動的組織。如民辦學校、民辦醫院、民辦圖書
館、民辦博物館、民辦科技館等，目前大陸民辦非企業單位超過三
十萬家。除了三種主要類型的組織之外，其他組織與勞動者建立勞
務關係，也適用勞動合同法。例如會計師事務所、律師事務所等，
其組織形式比較複雜，有的採取合夥制，有的採取合作制，雖不屬

於列舉中的任何一種組織形式，但其招用助理、工勤人員等，也要簽訂勞動合同。因此，也必須適用勞動合同法。❶

　　國家機關、事業單位和社會團體和與其建立勞動關係的勞動者，其所涵蓋的範圍主要是在公家機關工作，但不適用公務員法的人員。國家機關包括國家權力機關、國家行政機關、司法機關、國家軍事機關、政協等。其錄用公務員和聘任制公務員，適用公務員法；至於國家機關招用工勤人員，需要簽訂勞動合同，就要依照勞動合同法執行。

　　事業單位關於勞動合同法的適用分為三種：第一種是具有管理公共事務職能的組織，如證券監督管理委員會、保險監督管理委員會、銀行業監督管理委員會等，其錄用工作人員是參照公務員法進行管理，不適用勞動合同法。第二種是實行企業化管理的事業單位，這類事業單位與職工簽訂的是勞動合同，適用勞動合同法。第三種是事業單位，如醫院、學校、科研機構等，有的勞動者與單位簽訂的是勞動合同，就要按照勞動合同法第九十六條的規定，即法律、行政法規和國務院另有規定的，依照其規定；未作規定的，依照本法有關規定執行。

　　社會團體是指中國公民自願組成、為實現會員共同意願、按照其章程開展活動的非營利性社會組織。社會團體的情況也比較複雜：有的社會團體如黨派團體，除工勤人員外，其工作人員是公務員，

---

❶ 全國人大常委會法制工作委員會編，《中華人民共和國勞動合同法釋義》，
　　北京：法律出版社，2007，頁 5-8。

按照公務員法管理；此外，社會團體還有工會、共青團、婦聯、工商聯等人民團體和群眾團體；文學藝術聯合會、足球協會等文化藝術體育團體；法學會、醫學會等學術研究團體；各種行業協會社會經濟團體，這些社會團體雖然公務員法沒有明確規定參照管理，但實踐中對列入國家編制序列的社會團體，除工勤人員外，其工作人員也是比照公務員法進行管理的。除此以外的多數社會團體，如果是以用人單位的身份與勞動者簽訂勞動合同，就須依照本法進行規範。❷

強制規定企業與勞動者訂立勞動合同

過去在勞動法中並未強制規定勞資雙方必須訂立勞動合同，勞動合同法則列為強制性的規定。根據勞動合同法第八十二條規定，「用人單位自用工之日起超過一個月不滿一年未與勞動者訂立書面勞動合同的，應當向勞動者每月支付二倍的工資」。第九十七條亦指出，「本法施行前已建立勞動關係，尚未訂立書面勞動合同的，應當自本法施行之日起一個月內訂立」。因此，勞動合同法自 2008 年 1 月 1 日施行之後，新的勞動關係都必須簽訂書面勞動合同，舊的勞動關係未有勞動合同者也應補簽，否則企業都要承擔被勞動者申訴並要求支付二倍工資的風險。❸

---

❷　全國人大常委會法制工作委員會編，《中華人民共和國勞動合同法釋義》，北京：法律出版社，2007，頁 5–8。

❸　關於勞動合同簽訂的詳細規定，於本書第三章中詳述。

促進無固定期限勞動合同的簽訂

　　勞動合同法不但強制要求勞資雙方訂立勞動合同，還有逐步促進無固定期限勞動合同的立法用意。無固定期限勞動合同，是指用人單位與勞動者約定無確定終止時間的勞動合同。勞動合同法第十四條規定，用人單位與勞動者協商一致，可以訂立無固定期限勞動合同。有下列情形之一，勞動者提出或者同意續訂、訂立勞動合同的，除勞動者提出訂立固定期限勞動合同外，應當訂立無固定期限勞動合同：

(1)勞動者在該用人單位連續工作滿十年的；
(2)用人單位初次實行勞動合同制度或者國有企業改制重新訂立勞動合同時，勞動者在該用人單位連續工作滿十年且距法定退休年齡不足十年的；
(3)連續訂立二次固定期限勞動合同，且勞動者沒有本法第三十九條和第四十條第一項、第二項規定的情形，續訂勞動合同的。

　　用人單位自用工之日起滿一年不與勞動者訂立書面勞動合同的，視為用人單位與勞動者已訂立無固定期限勞動合同。根據勞動合同法第八十二條規定，用人單位自用工之日起超過一個月不滿一年未與勞動者訂立書面勞動合同的，應當向勞動者每月支付二倍的工資。用人單位違反本法規定不與勞動者訂立無固定期限勞動合同的，自應當訂立無固定期限勞動合同之日起向勞動者每月支付二倍

的工資。

　　最受社會關注與爭議的是第三項「連續訂立二次固定期限勞動合同，若再續訂勞動合同，就必須要訂定無固定期限勞動合同」，許多企業都將其視為被無固定勞動合同綁死或降低用人彈性，然而，事實上，許多資本主義國家，包括臺灣在內，聘雇員工的方式與勞資關係都符合無固定期限的精神，只是自 1995 年施行勞動法以來，許多企業多將固定期限勞動合同視為常態，勞動合同法為了扭轉不穩定的勞資關係而做此規定。此外，除了強制規定訂立書面勞動合同，否則企業需支付二倍薪資，企業與勞動者發生勞動關係之後滿一年，也視為用人單位與勞動者已訂立無固定期限勞動合同，一方面提高不訂立勞動合同的懲罰性，一方面也是鼓勵用人單位提高無限期固定合同的比例。

強化勞動者在試用期間的權利

　　試用期的約定根據勞動法第二十一條，最長不得超過六個月，而勞動合同法則縮小了企業與員工約定試用期的範圍。如勞動合同法第十九條，勞動合同期限三個月以上不滿一年的，試用期不得超過一個月；勞動合同期限一年以上不滿三年的，試用期不得超過二個月；三年以上固定期限和無固定期限的勞動合同，試用期不得超過六個月。此外，還規定同一用人單位與同一勞動者只能約定一次試用期。若是以完成一定工作任務為期限的勞動合同，或者勞動合同期限不滿三個月的，不得約定試用期。

　　試用期不得獨立為之，必須包含在勞動合同期限內。勞動合同僅約定試用期的，試用期不成立，該期限為勞動合同期限。在試用期的工資方面則規定了下限。勞動合同法第二十條，勞動者在試用期的工資不得低於本單位相同崗位最低工資或者勞動合同約定工資的百分之八十，並不得低於用人單位所在地的最低工資標準。

　　試用期間用人單位不得任意解除勞動合同。勞動合同法第二十一條，在試用期中，除勞動者有本法第三十九條和第四十條第一項、第二項規定的情形外，用人單位不得解除勞動合同。用人單位在試用期解除勞動合同的，應當向勞動者說明理由。在下列特定的情形下，用人單位可以解除勞動合同：

⑴在試用期間被證明不符合錄用條件的；
⑵嚴重違反用人單位的規章制度的；
⑶嚴重失職，營私舞弊，給用人單位造成重大損害的；
⑷勞動者同時與其他用人單位建立勞動關係，對完成本單位的工作任務造成嚴重影響，或者經用人單位提出，拒不改正的。

　　另一方面，勞動者卻可在試用期內隨時解除勞動合同，因此勞動合同法相較於勞動法，給予了勞動者更多的權利保障。

明確限制服務期條款、競業限制條款與違約金的約定

　　勞動合同法針對企業與員工間服務期的約定、競業限制條款以及約定違約金，都做出了限制。特別是違約金不得任意約定，勞動

合同法規定只有員工違反服務期約定、違反商業秘密或競業限制約定的情況，使得約定違約金。

　　就服務期而言，勞動法未明確規定服務期的規範，因此實務上經常發生企業任意與員工約定服務期，勞動合同法則指出，只有企業提供員工專業技術培訓者，才能約定服務期。如勞動合同法第二十二條規定，用人單位為勞動者提供專項培訓費用，對其進行專業技術培訓的，可以與該勞動者訂立協定，約定服務期。勞動者違反服務期約定的，應當按照約定向用人單位支付違約金。違約金的數額不得超過用人單位提供的培訓費用。用人單位要求勞動者支付的違約金不得超過服務期尚未履行部分所應分攤的培訓費用。此外，用人單位與勞動者約定服務期的，不影響按照正常的工資調整機制，提高勞動者在服務期期間的勞動報酬。

　　在商業秘密的保密協議方面，勞動合同法根據勞動法第二十二條，「勞動合同當事人可以在勞動合同中約定保守用人單位商業秘密的有關事項」，進一步做細部規範。如勞動合同法第二十三條，用人單位與勞動者可以在勞動合同中約定保守用人單位的商業秘密和與知識產權相關的保密事項。對負有保密義務的勞動者，用人單位可以在勞動合同或者保密協議中與勞動者約定競業限制條款，並約定在解除或者終止勞動合同後，在競業限制期限內按月給予勞動者經濟補償。勞動者違反競業限制約定的，應當按照約定向用人單位支付違約金。重點在於，競業限制的約定，必須在企業實際支付勞動者「經濟補償」，沒有對價補償的支付，競業限制的約定形同無效。

在競業限制約定的範圍上，勞動合同法也明確規定，包括特定對象與約定時間限制。如第二十四條，競業限制的人員限於用人單位的高級管理人員、高級技術人員和其他負有保密義務的人員。競業限制的範圍、地域、期限由用人單位與勞動者約定，競業限制的約定不得違反法律、法規的規定。在解除或者終止勞動合同後，前款規定的人員到與本單位生產或者經營同類產品、從事同類業務的有競爭關係的其他用人單位,或者自己開業生產或者經營同類產品、從事同類業務的競業限制期限，不得超過二年。

經濟補償金範圍的擴大

經濟補償是員工離職時，企業所支付的費用，按照勞動法的規定，經濟補償的範圍包括了下列幾種勞動合同解除的情況：

(1)經勞動合同當事人協商一致；

(2)勞動者患病或者非因工負傷，醫療期滿後，不能從事原工作也不能從事由用人單位另行安排的工作的；

(3)勞動者不能勝任工作，經過培訓或者調整工作崗位，仍不能勝任工作的；

(4)勞動合同訂立時所依據的客觀情況發生重大變化，致使原勞動合同無法履行，經當事人協商不能就變更勞動合同達成協議的；

(5)依照相關規定進行經濟性裁員的。

在勞動合同法中所規定的經濟補償，其範圍已經擴大到了一般

的勞動合同終止、用人單位的關閉解散，甚至於由勞動者可依法解除勞動合同的情況。

　　首先由勞動者解除的勞動合同，其情形包括：

(1)未按照勞動合同約定提供勞動保護或者勞動條件的；

(2)未及時足額支付勞動報酬的；

(3)未依法為勞動者繳納社會保險費的；

(4)用人單位的規章制度違反法律、法規的規定，損害勞動者權益的；

(5)因本法第二十六條第一款規定的情形致使勞動合同無效的；

(6)法律、行政法規規定勞動者可以解除勞動合同的其他情形。

　　其次，勞動合同期滿而終止，用人單位也要支付經濟補償。但是用人單位以維持或者提高勞動合同約定條件，提出續訂勞動合同，而勞動者不同意續訂的情形除外。再者，因用人單位被依法宣告破產，或被吊銷營業執照、責令關閉、撤銷，或用人單位決定提前解散而導致勞動合同終止的情況，用人單位也要支付經濟補償。

　　此外，在經濟補償的支付標準上，勞動合同法也進行明確規定，如勞動合同法第四十七條，經濟補償按勞動者在本單位工作的年限，每滿一年向勞動者支付一個月工資。六個月以上不滿一年的，按一年計算；不滿六個月的，向勞動者支付半個月工資的經濟補償。勞動者月工資高於用人單位所在直轄市、設區的市級人民政府公布的本地區上年度職工月平均工資三倍的，向其支付經濟補償的標準按職工月平均工資三倍的數額支付，向其支付經濟補償的年限最高不

超過十二年。本條所稱月工資是指勞動者在勞動合同解除或者終止
前十二個月的平均工資。

　　勞動合同法施行之後，仍然存續的勞動合同應繼續有效，若施
行之日存續的勞動合同在本法施行後解除或者終止，依照勞動合同
法第六十四條規定，「用人單位應當支付經濟補償的，經濟補償年限
自本法施行之日起計算；本法施行前按照當時有關規定，用人單位
應當向勞動者支付經濟補償的，按照當時有關規定執行」。

對兼職進行規範，保障原用人單位權益

　　過去中國大陸政府鼓勵人民開發第二職業，例如醫科大學教授
擔任外資企業的業務員等❹，在勞動法中並未加以規範。然而許多
大陸企業員工的兼職引發社會問題，諸如業務人員在外合組公司，
由該公司向本公司下單再轉賣給客戶，賺取差價的歪風等情事時有
所聞。❺故而勞動合同法開始限制兼職的情況，以保障原用人單位
的權益。根據勞動合同法第三十九條第四項規定，勞動者同時與其
他用人單位建立勞動關係，對完成本單位的工作任務造成嚴重影響，
或者經用人單位提出，拒不改正的，用人單位可以解除勞動合同。

規範勞務派遣與非全日制用工的勞動關係

---

❹　蕭新永，《大陸臺商人事管理》，臺北：商周文化，1996，頁 28。
❺　蕭新永，〈大陸臺商在法律和管理上如何因應新「勞動合同法」〉，臺商經
　　貿網，2008。

　　勞動法對於勞務派遣與非全日制用工沒有任何規範，但隨著市場經濟的發展，採用勞務派遣的單位日益增多，非全日制用工也曾引發同工不同酬、薪資過低等爭議，因此勞動合同法特別針對這兩種特殊的勞動關係，做出具體規範，以因應實務需求。其中包括勞動合同法第五十七條，勞務派遣單位應當依照公司法的有關規定設立，註冊資本不得少於五十萬元。

　　勞務派遣單位、用人單位與勞動者三方之間的勞動關係，以勞動合同法第五十八條明確規範為，「勞務派遣單位是本法所稱用人單位，應當履行用人單位對勞動者的義務。勞務派遣單位與被派遣勞動者訂立的勞動合同，除應當載明本法第十七條規定的事項外，還應當載明被派遣勞動者的用工單位以及派遣期限、工作崗位等情況」。更重要的是，勞務派遣單位與被派遣勞動者所訂立的固定期限勞動合同，應該要在二年以上，且須按月支付勞動報酬；被派遣勞動者在無工作期間，勞務派遣單位應當按照所在地人民政府規定的最低工資標準，向其按月支付報酬。

　　勞務派遣單位與用人單位之間的權利義務關係，按照勞動合同法第五十九條規定，是以勞務派遣協定為依據。勞務派遣協議應當約定派遣崗位和人員數量、派遣期限、勞動報酬和社會保險費的數額與支付方式以及違反協定的責任。用工單位應當根據工作崗位的實際需要與勞務派遣單位確定派遣期限，不得將連續用工期限分割訂立數個短期勞務派遣協議。此外，為保護勞動者，勞動合同法第六十條還規定，勞務派遣單位應當將勞務派遣協定的內容告知被派遣勞動

者。且勞務派遣單位不得課扣用工單位支付給被派遣勞動者的勞動
報酬。勞務派遣單位和用工單位不得向被派遣勞動者收取費用。

　　勞動合同法還規定了用工單位應當履行下列義務：

(1)執行國家勞動標準，提供相應的勞動條件和勞動保護；

(2)告知被派遣勞動者的工作要求和勞動報酬；

(3)支付加班費、績效獎金，提供與工作崗位相關的福利待遇；

(4)對在崗（按：指現職的、在工作中的）被派遣勞動者進行工作崗
　位所必需的培訓；

(5)連續用工的，實行正常的工資調整機制。

用工單位不得將被派遣勞動者再派遣到其他用人單位。

　　另外，被派遣勞動者也享有與用工單位的勞動者同工同酬的權
利，以及在勞務派遣單位或者用工單位依法參加或者組織工會的權
利。勞務派遣所擔任的職務，要以臨時性、輔助性或者替代性的工
作崗位為主。勞動合同法還規範用人單位不得設立勞務派遣單位向
本單位或者所屬單位派遣勞動者。

更詳備的勞動合同內容條款

　　勞動法與勞動合同法對於勞動合同內的條款，亦有不同的規定。
勞動法中所規定的勞動合同所應包括的條款，如下：

(1)勞動合同期限；

⑵工作內容；

⑶勞動保護和勞動條件；

⑷勞動報酬；

⑸勞動紀律；

⑹勞動合同終止的條件；

⑺違反勞動合同的責任。

　　勞動合同除前款規定的必備條款外，當事人可以協商約定其他內容。

　　勞動合同法規定勞動合同應當具備以下條款，則為：

⑴用人單位的名稱、住所和法定代表人或者主要負責人；

⑵勞動者的姓名、住址和居民身分證或者其他有效身分證件號碼；

⑶勞動合同期限；

⑷工作內容和工作地點；

⑸工作時間和休息休假；

⑹勞動報酬；

⑺社會保險；

⑻勞動保護、勞動條件和職業危害防護；

⑼法律、法規規定應當納入勞動合同的其他事項。

　　勞動合同除前款規定的必備條款外，用人單位與勞動者可以約定試用期、培訓、保守秘密、補充保險和福利待遇等其他事項。

第3章

職工的招聘任用

關於人力資源的獲得，主要透過規劃、招募及甄選等流程，當企業確認人力短缺且決心對外招募時，即意味著企業將尋求與新的員工建立勞動關係。對企業而言，勞動合同法對於勞動者的保護，開始於實質勞動關係的發生。❶所謂的實質勞動關係，是在勞動者開始提供勞動時便成立了。一般企業為了降低新招募的員工在任用之後可能產生不適任的風險，通常會與新進員工約定試用期，這在中國大陸是被允許的，但是根據相關的勞動法令，在試用期時，企業與新進員工的勞動關係實質上已經發生，因此企業不但不應以其為試用期便有所疏忽，而應更深入了解勞動合同法關於試用期的相關規定。

首先是關於約定試用期的期限，勞動合同法第十九條規定，「勞動合同期限三個月以上不滿一年的，試用期不得超過一個月；勞動合同期限一年以上不滿三年的，試用期不得超過二個月；三年以上

---

❶ 就法理而言，當實質的勞動關係成立時，勞動合同法是對勞資雙方都提供保護的。不過在實務上，由於勞動者多處於弱勢，因此勞動合同法對於勞方保護適用的情形，似乎更為常見。另外，在實務上也有企業為了爭取人才，與即將畢業的學生簽訂畢業後開始上班的勞動合同，也是以實質的勞動關係開始後生效。

固定期限和無固定期限的勞動合同，試用期不得超過六個月」，並且「以完成一定工作任務為期限的勞動合同或者勞動合同期限不滿三個月的，不得約定試用期」。

此外，同時為了避免企業將試用期與正式的勞動合同分開，以規避正式勞動合同的種種相關規定，因此同法也規定「試用期包含在勞動合同期限內。勞動合同僅約定試用期的，試用期不成立，該期限為勞動合同期限」，換言之，試用期的約定，不得僅以口頭為之，而是必須依照勞動合同法以書面進行，且未依法簽訂者，都必須擔負法律責任。在實務上，有時候也會發生企業多次與勞動者簽訂試用期，導致勞動者長期工作卻無法獲得正式員工的相關服務與保障，是故同法第十九條更加規定「同一用人單位與同一勞動者只能約定一次試用期」。

若企業違反關於試用期約定期限的規定，按照勞動合同法第八十三條，「用人單位違反本法規定與勞動者約定試用期的，由勞動行政部門責令改正；違法約定的試用期已經履行的，由用人單位以勞動者試用期滿月工資為標準，按已經履行的超過法定試用期的期間向勞動者支付賠償金」。因此，即使企業與員工所約定的試用期超過法律規定的期限，企業仍必須支付超過期限部分的工資。

總而言之，根據立法目的，勞動者在試用期間應當享有全部的勞動權利。這些權利包括取得勞動報酬的權利、接受職業技能培訓的權利、休息休假的權利、獲得勞動安全衛生的權利、提請勞動爭議處理的權利以及法律規定的其他勞動權利；還包括依照法律規定，

通過職工大會、職工代表大會或者其他形式，參與民主管理或者保護勞動者合法權益與用人單位進行平等協商的權利。所以企業不能根據員工的身分處於試用期而加以限制，與其他勞動者有差別待遇。❷

　　其次，關於試用期的工資標準，根據勞動合同法第二十條規定，「勞動者在試用期的工資不得低於本單位相同崗位最低檔工資或者勞動合同約定工資的80%，並不得低於用人單位所在地的最低工資標準。勞動者和用人單位勞動合同雙方當事人在勞動合同裡約定了試用期工資，而約定的試用期工資又高於本條規定的標準的，按約定執行」。

　　立法的用意在於體現同工同酬的原則，雖然在試用期期間，勞動者所提供的價值並不比正式員工還低，因此，勞動合同法為試用期的工資設定兩個最低標準：(1)不得低於本單位相同職位的最低工資；(2)不得低於勞動合同約定工資的80%，同時，這兩者應該取其較高者。❸

【案例】

　　小王於 2006 年 8 月 7 日應聘於某設備公司，該公司與小王簽訂乙紙「試用期員工工資、獎金制度」協議。在此協議中約定小王

---

❷　全國人大常委會法制工作委員會編，《中華人民共和國勞動合同法釋義》，北京：法律出版社，2007，頁66。

❸　關於最低工資的細部規定，本書另於第六章詳述。

擔任潤滑油業務員乙職，負責銷售業務工作，並約定試用期合計三個月，薪資為每月 1,000 元人民幣，另計業績獎金以銷售每桶潤滑油 10 元人民幣。但若該月未能達成業績目標，則公司有權給予處罰或不發給試用期的底薪。

　　小王於 2006 年 9 月 18 日離職，並向勞動爭議仲裁委員會申請裁決，指出他自從勞動合同簽訂之日開始上班，但公司以其未達成銷售目標為理由，而未支付該有薪資，因此請求公司該支付勞動合同所訂的底薪 1,000 元。經法院審理認為，有關「試用期員工工資、獎金制度」的協議，已違反了勞動法關於用人單位支付給勞動者的工資不得低於當地最低工資標準的規定，亦不能以不當理由課扣或者無故拖欠勞動者工資。法院最後裁定協議中該條款的約定不具有法律效力，公司應當按照勞動合同約定支付試用期每月底薪 1,000 元工資。小王拿到了全額工資。❹

　　在員工的試用期間，企業若要與其解除勞動合同，按照勞動合同法規定有兩種情況始得為之，其一，是依勞動合同法第三十九條第一項「在試用期間被證明不符合錄用條件的」，其二，是勞動合同法第四十條第一項「勞動者患病或非因工負傷，在規定的醫療期滿後，不能從事原工作，也不能從事由用人單位另行安排的工作的」。在此必須注意的是，無論依照上述哪種情況與員工解除勞動合同，企業（即用人單位）在試用期解除勞動合同時，都應當向勞動者說

明理由，與此同時，企業還必須能夠「證明」該名員工「不符合錄用條件」或者「因傷病不能從事原工作或另安排的工作」。關於「說明理由」的方式，雖無相關規定應以何種形式為之，但建議企業除了口頭說明以外，也應另以書面通知，以避免日後爭議。

　　建議企業若要根據員工在試用期的表現不符合錄用條件而解除勞動合同者，不但要以具體情事舉證，例如員工在試用期間違反了企業內部管理規章、曠工超過規定時數、經常遲到早退、受記過以上處分，或發現其隱瞞錄用的限制條件等，企業一定要有內部明文規範，❺並且最好保留相關紀錄。此外，企業在事前也應盡量讓該員工了解考核的具體標準，以及考核通過後轉正式職員的機制，並且在試用期滿之前，完成考核作業以及通知轉正式職員與解除勞動合同的程序。例如，企業在試用期滿前十五天（規定在管理規章或員工手冊內）進行試用考核，並且在試用期滿前五到十天（規定在管理規章或員工手冊內）以書面形式通知該員工轉正式職員或辭退的訊息，以利雙方進行後續作業。❻

　　由於勞動合同法關於試用期的規定，主要是以保護勞動者為主，因此對於員工在試用期間解除勞動合同的規定比較寬鬆，根據勞動合同法第三十七條規定，「勞動者在試用期內提前三天通知用人單

---

❺　關於規章制度的意涵與生效條件，筆者將另行於本書第十章與第十一章詳述。

❻　蕭新永，〈臺商對勞動合同法試用期應有的認識〉，《兩岸經貿月刊》，2007年 12 月號。

位，可以解除勞動合同」，換言之，員工若認為企業所設定的任職條件、企業文化、職場環境不能適應者，只要提前三天通知企業，就可以解除勞動合同。不過，如果員工未遵照規定離職，且對用人單位造成經濟損失的，仍應當依法承擔賠償責任。

上述所稱「對用人單位造成經濟損失」，按照過去大陸勞動部門的解釋，❼可以包含企業在招募時所支付的「招錄費用」。另外，依據勞動合同法第九十條規定，「勞動者違反本法規定解除勞動合同，或者違反勞動合同中約定的保密義務或者競業限制，給用人單位造成損失的，應當承擔賠償責任」。在此所稱違反規定解除勞動合同，是指勞動者未以法律書面方式或未提前三十日（或試用期未提前三日）通知用人單位，並且對用人單位造成損失，包括用人單位招錄其所支付的費用、勞動合同約定的其他賠償費用等。❽

然而，若是在試用期間，企業為增加新進員工的相關技能，出資提供新進員工進行各類技術培訓，則企業不得要求勞動者支付該

---

❼　《勞動部辦公廳關於試用期內解除勞動合同處理依據問題的覆函》（勞辦發〔1995〕264號）規定：如果是由用人單位出資招用的職工，職工在合同期內（包括試用期）解除與用人單位的勞動合同，則該用人單位可按照《違反「勞動法」有關勞動合同規定的賠償辦法》（勞部發〔1995〕223號）第四條第一項規定向職工索賠。《違反「勞動法」有關勞動合同規定的賠償辦法》第四條第一項規定，……勞動者應賠償用人單位下列損失：㈠用人單位招收錄用其所支付的費用。

❽　全國人大常委會法制工作委員會編，《中華人民共和國勞動合同法釋義》，北京：法律出版社，2007，頁312。

項培訓費用。依據《勞動部辦公廳關於試用期內解除勞動合同處理
依據問題的覆函》（勞辦發〔1995〕264 號）規定，「用人單位出資
對職工進行各類技術培訓，職工提出與單位解除勞動關係的，如果
在試用期內，則用人單位不得要求勞動者支付該項培訓費用」。是故，
試用期員工若在試用期內解除勞動合同的，並不須賠償企業所支付
的培訓費用，即使勞動合同中有約定，該約定也無效。因此，建議
企業為員工進行培訓，可以待試用期員工轉正式職員之後辦理。

【案例】

　　2004 年 5 月，李紅至甲公司受雇擔任技術員，雙方簽訂為期五
年的勞動合約，並約定試用期六個月。甲公司於 2004 年 6 月為了提
高產品的生產品質，決議引進美國一套生產線，同時間指派李紅等
人參加美國技術培訓三個月。在李紅出國受訓前，並與甲公司約定
李紅在受訓後必須留在公司服務滿五年，雙方並簽訂「服務期協定」，
若李紅在服務期內違約解除勞動合同，便必須賠償違約金 10 萬人民
幣，另計算培訓費用 10 萬元，依剩餘服務期比例統計，以實際服務
期間每滿一年扣減 20%。

　　但 2004 年 9 月，李紅完成受訓後回到公司，受到另一家公司的
高薪邀請，遂於隔月提出辭職申請，向甲公司表示其在試用期內提
出辭職是符合法律規定。甲公司依與李紅的「服務期協定」向勞動
爭議仲裁委員會提出仲裁，要求李紅應支付違約金與培訓費用。然
而，該案歷經仲裁、一審和二審，均由李紅勝訴，甲公司敗訴。❾

❾ 案例來源：勞動法務網，2006 年 12 月 6 日。

不得扣押證件及收取財物的規定

在中國大陸，由於幅員廣大且外地工作人口眾多，企業為了避免員工發生不當利益的獲取造成企業損失，在實務上，企業通常要求新進員工繳交身分證或其他證件，諸如暫住證、資格證書和其他證明個人身分的證件等，以防止類似情事的產生。然而，勞動合同法第九條卻明令禁止，規定「用人單位招用勞動者，不得扣押勞動者的居民身分證和其他證件」。

除了不得扣押證件以外，勞動合同法第九條同時也規定「不得要求勞動者提供擔保或者以其他名義向勞動者收取財物」。事實上，原大陸勞動部 1995 年《關於貫徹執行「中華人民共和國勞動法」若干問題的意見》第二十四條就已經規定，用人單位在與勞動者訂立勞動合同時，不得以任何形式向勞動者收取定金、保證金（物）或抵押金（物）。勞動部、公安部、全國總工會《關於加強外商投資企業和私營企業勞動管理，切實保障職工合法權益的通知》（勞務發〔1994〕118 號）也規定，企業不得向職工收取貨幣、實物等作為「入會押金」。所謂的「擔保或收取財物」，其解釋範圍可以擴大到企業為達到向員工收取抵押金的目的，而以其他名目收取的費用，如服裝費、電腦費、住宿費、培訓費、集資款（股金）等。

然而實務上，有些企業為了防止員工在工作中造成企業的損失，例如未提出辭職而逕行離職等，在招用員工時，會要求其提供擔保或者向勞動者收取「風險抵押金」，在特定條件下是被允許的。勞務

部辦公廳、國家經貿辦公廳對「關於用人單位要求在職的職工繳納抵押性錢款或股金的做法應否制止的請示」的覆函中規定，至於一些用人單位與職工建立勞動關係後，根據本單位經營管理實際需要，按照職工本人自願原則向職工收取「風險抵押金」及要求全體職工入股等企業生產經營管理行為，不屬上述規定調整範圍。但是，用人單位不能以解除勞動關係等為由強制職工繳納風險抵押金及要求職工入股（執行內部經營承包的企業經營管理人員、實行公司制企業的董事會員除外）。否則，由此引發的勞動爭議，按照「企業勞動爭議處理條例」規定處理。因此，在用人單位與職工建立勞動關係後，若是根據本單位經營管理的實際需要，並且基於職工本人自願向職工收取「風險抵押金」，則不違反法律強制性規定。

雖然在特定條件下收取「風險抵押金」不違反法律規定，然而適用該規定仍需把握以下原則：

⑴收取「風險抵押金」的時間必須是勞動關係建立後；

⑵用人單位經營管理確實需要收取，比如掌握大量現金的財務人員，掌握公司車輛的司機；

⑶必須按照勞動者本人自願原則收取，勞動者不願意的，不得以解除勞動關係等為由脅迫勞動者繳納。

為了避免今後發生爭議，如勞動者自願繳納的，企業應當與勞動者簽訂書面協議，協議中應當明確載明收取「風險抵押金」係勞動者真實意思的表示，並簽立確認。❿

最後，若企業違反勞動合同法規定而向員工收取證件者，按照同法第八十四條，將「由勞動行政部門責令限期退還勞動者本人，並依照有關法律規定給予處罰」。若是違反規定，以擔保或者其他名義向員工收取財物，將「由勞動行政部門責令限期退還勞動者本人，並以每人五百元以上二千元以下的標準處以罰款」；若有員工因為證件被扣押或提供擔保或任何財物而造成損害的，企業也必須承擔賠償責任。⓫

【案例】　

　　楊玲於 1994 年 7 月畢業於遼寧大學外語系後，前往某旅行社謀職。旅行社總經理王安告知楊玲，必須先繳納人民幣 4,000 元作為風險抵押金，才能獲得該項工作職位。1994 年 8 月 7 日，與旅行社簽訂勞動合同。合同中規定，試用期一個月，試用期內不發工資；楊玲至單位工作之日起一週內繳交風險抵押金 4,000 元；若調離單位或被辭退之日起一年以後，始將風險抵押金無息返還楊玲；在單位工作期間，若違反紀律和造成單位損失，單位有權扣除風險抵押金；在繳交風險抵押金後，單位始負責楊玲的勞動保險、醫療補助費及有關規定費用。

　　合同簽訂後,楊玲於 8 月 9 日繳交風險抵押金人民幣 4,000 元,

⓾　李迎春，《勞動合同法——案例精解與應對策略》，北京：法律出版社，2007，頁 29-32。

⓫　全國人大常委會法制工作委員會編，《中華人民共和國勞動合同法釋義》，北京：法律出版社，2007，頁 30-31。

旅行社出具收款收據兩張。1995 年 10 月，楊玲因故被辭退，雙方合同解除。旅行社新任總經理以剛接管工作為由拒絕返還抵押金。楊玲遂於 1996 年 3 月向瀋陽市皇沽區人民法院提起訴訟。

　　經瀋陽市皇沽區人民法院審理認為，該旅行社與楊玲的勞動合同中，關於旅行社收取風險抵押金的約定，違反勞動法規的規定，應屬無效。被告應返還所收款項，並應適當賠償原告損失。人民法院於 1996 年 5 月 15 日判決如下：一、被告返還原告楊玲人民幣 4,000 元，於判決生效後三日內付清。二、被告給付原告楊玲利息損失 800 元，於判決生效後三日內付清。上述判決宣判後，雙方服判沒有提出上訴，並已履行。 ❷

檔案制度

　　由於中國大陸實行「檔案制度」，每個人的一生都被記錄在檔案裡，包括出生、教育、工作、婚姻等等，因此按照規定，勞動者進入企業工作，必須將其檔案轉入，離職之後，也應帶著檔案走。然而個人檔案卻非由當事人所保管，而是由所處的「單位」管理，因此企業或單位必須負責職工檔案的轉移手續。至於保管檔案的工作，一般而言在中外合資企業，員工的檔案主要由中方保管，若是外商獨資企業，則通常是委託人才服務機構歸檔管理，例如人才交流中心等。 ❸

　　根據勞動合同法第五十條規定，「用人單位應當在解除或者終止

---

❷　案例來源：新勞動合同法資料站。

勞動合同時出具解除或者終止勞動合同的證明，並在十五日內為勞動者辦理檔案和社會保險關係轉移手續」。同法第八十四條也規定，「勞動者依法解除或者終止勞動合同，用人單位扣押勞動者檔案或者其他物品的，依照前款規定處罰」，在這裡所謂的處罰，是指依照相關法律規定給予「每人五百元以上二千元以下的標準處以罰款」，且若對勞動者造成損害者，還必須承擔賠償責任。

　　根據「企業職工檔案管理工作規定」第十八條，企業職工調動、辭職、解除勞動合同或被開除、辭退等，應由職工所在單位在一個月內將其檔案轉交其新的工作單位或其戶口所在地的街道勞動（組織人事）部門。職工被勞教、勞改，原所在單位今後還準備錄用的，其檔案由原所在單位保管。「北京市失業保險規定」第十五條規定，「用人單位在與職工終止、解除勞動或工作關係之日起七日內，應將失業人員的名單報職工戶口所在區社會保險經辦機構備案，自終止、解除勞動或工作關係之日起二十日內，持繳納失業保險的有關資料將職工的檔案轉移到職工戶口所在地區社會保險經辦機構」。第三十一條規定，「用人單位不按規定繳納失業保險費或不按規定即時為失業人員轉移檔案關係，致使失業人員不能享受失業保險待遇或影響再就業的，用人單位應當賠償由此失業人員造成的損失」。

　　通常企業為離職員工辦理檔案移轉手續，是在勞動者完成工作交接之後，同時支付離職員工的經濟補償，然而，勞動合同法第五十條僅規定，「勞動者應當按照雙方約定，辦理工作交接」，並未明

❸　蕭新永，《大陸臺商人事管理》，臺北：商周文化，1996，頁92-93。

確指出勞動者不交接工作，企業可以採取何種保護機制；相反的，企業不依法支付離職員工的經濟補償或辦理檔案移轉手續，卻將因違法而受到法律責任的追究，故建議企業單位不可以經濟補償或員工檔案的轉出威脅離職員工進行工作交接，反而應該利用同法第三十七條，「勞動者提前三十日以書面形式通知用人單位，可以解除勞動合同。勞動者在試用期內提前三日通知用人單位，可以解除勞動合同」的規定，在員工離職前，提早進行工作交接的程序。

　　在實務上，由於中國大陸有許多職工原本是國有企業的固定工，其薪資福利穩定有保障（通常被稱為「鐵飯碗」），但為了獲取更高的薪酬，許多人嘗試轉至外資企業任職，成為合同制工，❹但是由於到外資任職，終身雇用的機會較低，因此多數來自國有企業的職工總是抱持觀望的態度，因此，往往在沒有從原企業離職的情況之下，便到外資企業面試任職。對企業來說，一方面這樣的員工未來的流動性本來就很大，一方面原企業也可能在發現之後，要脅該名員工賠償或返回原企業服務，甚至是根據勞動法第九十九條及勞動合同法第九十一條規定，「用人單位招用尚未解除勞動合同的人，對原單位造成損失的，該用人單位應負連帶賠償責任」，要求企業為該名員工對原單位所造成的損失，負連帶賠償的責任。

---

❹　蕭新永，《大陸臺商人事管理》，臺北：商周文化，1996，頁 92-93。

【案例】

　　余女為某大學職工，1999 年 9 月，該大學以其在工作期間無故曠職，嚴重違反工作紀律為由，予以辭退。余女雖被辭退，但因當時檔案轉移與社會制度保障制度不完善，余女的人事檔案並未從該大學中轉出，仍繼續留在該校申請補助以維持生活所需，該大學自 2003 年 2 月起，即依照最低生活補助標準發給生活費。但是，余女在達到法定退休年齡後，才收到該大學的辭退決定。卻因被辭退後未將其人事檔案轉出，才導致無法享受退休待遇。

　　地方法院認為用人單位對勞動者進行辭退時應作出書面處理決定，說明辭退原因並將書面決定送達給職工者本人。根據余女向法院提交的辭退決定上有註明送達時間，遂以該辭退決定之送達時間，即 2002 年 9 月 30 日為正式辭退的時間。

　　另外，法院還認為，余女於 2002 年已年滿五十歲，達到法定退休年齡。該大學應依照法律規定替余女辦理退休手續，但 2003 年 2 月該大學與余女所簽訂關於發放生活補助的協議，其中內容是以辭退決定生效作為前提，然而，該大學對於余女所做出的辭退決定並不符合法律規定的程序，所以此份協議書的簽訂是無法免除該大學為余女辦理退休手續的法定責任。

　　據此，地方法院終審判決該大學須為余女辦理按月領取養老待遇的退休手續，若逾期未替余女辦理上述退休手續，則該大學應依照平均基本養老金的法定標準，而逐月向余女支付其該領之退休金，直至該大學完成為余女辦理好退休手續為止。❶⑮

---

⑮　案例來源：新華網。

聘用外國人或臺港澳人員與勞動合同法的適用

　　根據中國大陸「外國人在中國就業管理規定」（1996 年 1 月 22 日勞動部、公安部、外交部、外經貿部發布），外國人是指依照「中華人民共和國國籍法」規定不具有中國國籍的人員。外國人在中國大陸就業，則是指沒有取得定居權的外國人在中國大陸境內依法從事社會勞動獲取報酬的行為。用人單位聘用外國人需為該外國人申請就業許可，經核准並取得《中華人民共和國外國人就業許可證書》後方可聘用。

　　另外，《關於貫徹實施「外國人在中國就業管理規定」有關問題的通知》作出更細部的規定，在中國大陸工作的外國人，若其勞動合同是和中國大陸境內的用人單位直接簽訂，無論其在中國大陸就業的時間長短，一律視為在中國就業。除了執行技術轉讓協議的外籍工程技術人員和轉業人員之外，若其勞動合同是跟境外法人簽訂，勞動報酬來自於境外，但在中國大陸境內工作三個月以上者，亦視為在中國就業，應按「外國人在中國就業管理規定」到勞動行政部門的發證機構辦理就業許可手續，並辦理職業簽證、就業證和居留證。因此無論是聘用外國人的企業或受聘為員工的外國人，都應該注意，若要受到勞動合同法的保障，都必須辦理相關的就業許可。

　　同樣的，若聘用臺港澳人民也有相關的規定。根據「臺灣香港澳門居民在內地就業管理規定」（勞動和社會保障部令第 26 號）的規定，臺、港、澳人員在內地就業實行就業許可制度。用人單位以

聘雇或者接受被派遣臺、港、澳人員的，應當為其申請辦理「臺港澳人員就業證」。因此，只要是經過申請許可並且取得就業證的臺、港、澳人員，在中國大陸就業就受法律保護。

　　此外，企業與其所聘雇的臺、港、澳人員，也必須簽訂勞動合同，並按照「社會保險費證繳暫行條例」的規定繳納社會保險費。若用人單位與聘雇的臺、港、澳人員之間發生勞動爭議，也將依照國家有關勞動爭議處理的規定辦理。

【案例】

　　老鄭於 2005 年 3 月 1 日進入一家浙江食品貿易公司工作。2006 年 4 月，老鄭正式從公司離職，並於同年 5 月中旬提出勞動仲裁申請，其所持理由是因為該公司自 2005 年 12 月至 2006 年 3 月，並未給付老鄭勞動應得報酬共計約十多餘萬元，另還有經濟補償金、報銷款金等約 2 萬 5 千多元，但該地方法院勞動爭議仲裁委員會並不受理該項申請，原因在於老鄭具有香港公民身分。故此，老鄭遂於 6 月中旬轉而向該地方法院提出訴訟。

　　而此公司自法庭上聲稱與老鄭並未存有僱傭關係，表示老鄭只是香港的供應商派來公司作監督管理的工作，而且雙方也沒有辦理用工手續。法院認為，臺、港、澳人員應聘內地用人單位從事一定社會勞動並取得勞動報酬或經營收入的行為，必須經勞動部門批准，並填寫《臺灣、香港、澳門居民在內地就業申請表》。未經批准擅自就業的臺、港、澳人員，與本市用人單位之間發生勞動權利義務爭議者，此類爭議如符合民訴法規定的民事案件受理條件，則由地方

法院直接受理。最終該法院依據勞動法的規定，對老鄭的訴訟請求予以拒絕。 ❶❻

離退休人員的聘用

在實務上，部分企業基於人力資源的考量，有時會聘用已經離退休的人員，所謂離退休人員是指根據相關規定已經享受養老保險待遇的人員。按照「勞動部關於實行勞動合同制度若干問題的通知」（1996 年 10 月 31 日）規定，已經享有養老保險待遇的離退休人員，當其再次被聘用時，企業與其簽訂書面協議，明確聘用期內的工作內容、報酬、醫療、勞保待遇等權利和義務。離退休人員與企業應當按照聘用協議的約定履行義務，聘用協議約定提前解除書面協議的，應當按照雙方約定辦理，未約定的，應當協商解決。此外，離退休人員聘用協議的解除不適用勞動法第二十八條。

申言之，根據中國大陸的勞動法律，已經享受養老保險待遇的離退休人員，再次被聘用時，與企業之間已不屬於「勞動關係」，而是以「聘用協議」方式表現的「勞務合同關係」，因此企業不必按照勞動法第二十八條規定，在解除合同時給予經濟補償，僅需按照協議約定的內容執行即可。

另外，已享受養老保險待遇的離退休人員，一般而言年齡較為

❶❻ 案例來源：李迎春，《勞動合同法——案例精解與應對策略》，北京：法律出版社，2007，頁 6。

年長，很有可能因工作中的意外而導致嚴重傷害，建議企業可為其購買商業保險，一方面可以補聘用協議的不足，另一方面也可以避免高額人身損害賠償的風險。

第 4 章

勞動合同的簽訂與用人單位的義務

勞動關係的建立

按照勞動合同法的規定，企業與員工間的勞動關係，是以實際提供勞動作為起始點。換言之，只要勞動者實際提供勞動，用人單位存在實際用工，就建立了勞動關係。雖然法令同時要求企業與員工必須正式簽訂書面勞動合同，但就法理而言，不論勞動者是否簽訂了書面勞動合同，將受到同等的保護。因此，勞動合同法第七條明確指出，「用人單位自用工之日起即與勞動者建立勞動關係」。

所謂勞動關係，是指勞動者與用人單位在實現勞動過程中建立的社會關係。立法者也同時認為，將「實際用工」作為建立勞動關係的標準有其合理性，是勞動關係的應有之義，同時也有利於保護勞動者的合法權益。❶

假若書面勞動合同簽訂在前，而實際用工在後，則勞動關係亦是自實際提供勞動之日開始建立。勞動合同法於第十條第三款明確指出，「用人單位與勞動者在用工前訂立勞動合同的，勞動關係自用工之日起建立」。例如有許多企業為爭取應屆畢業生進入企業工作，

---

❶ 全國人大常委會法制工作委員會編，《中華人民共和國勞動合同法釋義》，
北京：法律出版社，2007，頁25。

在學生畢業之前，便先與其簽訂勞動合同，約定畢業後直接進入企業工作。因此按照勞動關係建立的定義，該名應屆畢業生的勞動合同期限、勞動報酬、試用期、經濟補償金等，均從用工之日起開始計算，而企業或勞動者在用工前反悔而解除勞動合同的，不屬於勞動爭議。勞動爭議的前提是雙方存在勞動關係，而勞動關係是從用工之日開始才建立的。❷而書面勞動合同簽訂後，實際勞動關係尚未成立之前的這段期間，該勞動合同僅僅具有大陸民法上的合同效力，若有任何一方在這段期間違約，將應依照大陸的民法規定追究其違約責任，違約方應當依法承擔違約責任，造成對方損失的，應當承擔賠償損失的責任，而非屬勞動合同法的管理範圍。

然而，為了保護在用工前訂立勞動合同的雙方當事人，例如避免對方反悔而導致企業或個人損失，建議在勞動合同中增加特別條款，約定在用工前解除勞動合同須承擔違約責任，具體而言，可在違約條款中約定具體的違約金標準。此情形下約定違約金，不屬於勞動合同法第二十五條禁止範圍。❸

【案例】

　　小吳因為即將從大學畢業，遂參加該大學與廠商舉辦的校園徵

---

❷　全國人大常委會法制工作委員會編，《中華人民共和國勞動合同法釋義》，2007，北京：法律出版社，頁 36-37。

❸　全國人大常委會法制工作委員會編，《中華人民共和國勞動合同法釋義》，2007，北京：法律出版社，頁 36-37。

才會，因小吳極力表現並爭取工作機會，某高科技公司欣賞小吳的能力並決定聘用他，於該會場中即與小吳簽訂了一份勞動合同，希望網羅小吳至公司工作，且公司總經理當場告訴小吳，當小吳一畢業即可至公司上班，並提供宿舍。同年 7 月份，期待已久的小吳順利畢業，但卻在前往公司報到的路途上，發生令人扼腕的交通意外，導致肢體傷殘。此時，小吳向公司要求支付工商保險待遇，卻遭到公司斷然拒絕，並認為雙方僱傭與勞動關係尚未開始。因此，小吳便申請勞動仲裁，後來雖是在勞動爭議仲裁委員會的主持下進行調解，公司支付小吳賠償金。但是根據勞動合同法的規定，律師認為因雙方的實質勞動關係尚未建立，本案中公司應不須承擔工商保險待遇的責任。❹

　　除了明確勞動關係建立的起始點之外，勞動合同法第七條也規定「用人單位應當建立職工名冊備查」。通常企業為了進行管理，都必然會建立職工名冊，以利相關的薪資管理、績效考核等機制，然而勞動合同法卻對此作出明確規定，主要是基於兩個考量，第一，當勞資雙方發生爭議時，職工名冊可以證明勞動關係的存在。實務上，有些勞動爭議是有關勞動關係是否存在的爭議，有時勞動者自己很難舉證，但可以請求透過企業提供職工名冊等文件加以證明。同樣的，企業也可以藉職工名冊來證明勞動關係是否存在。

　　第二，便於勞動行政部門依法監督檢查。勞動行政部門要依法

---

❹ 案例來源：李迎春，《勞動合同法──案例精解與應對策略》，2007，北京：法律出版社。

履行監督檢查的職責，必須要掌握企業實際用工等情況。在不增加用人單位額外負擔的前提之下，為落實勞動行政部門依法履行監督管理職責，同時又能解決不簽訂勞動合同、不繳納社會保險等問題，是故勞動合同法規定企業應建立職工名冊，以因應勞動行政部門檢查之所需，❺不過企業僅需建立名冊「備查」，並不需要主動向大陸勞動行政部門報告。

【案例】

　　1994 年 3 月，小韓與某公司簽訂三年期限的勞動合同，為該公司擔任部門主管工作，1997 年 3 月勞動合同期滿之後，小韓不願意繼續與該公司簽訂勞動合同，因此勞動合同終止後，小韓便離開公司。然而，小韓離職後，該公司認為小韓尚有債務未與公司處理，故始終未替小韓轉移人事檔案。1999 年 6 月，小韓回到公司向公司要求支付並補發為期兩年的基本工資與社會保險費用，小韓主張的理由是因為公司並無轉移其人事檔案，故證明自己與公司仍存在有事實的勞動關係，因此向公司的要求是為合理。然而，小韓的要求受到公司的拒絕。小韓遂向仲裁機構提出申訴，仲裁機構裁決公司是應予以支付補發小韓所要求的金額。該公司不服裁決，向當地地方法院提出訴訟，法院經審理後認為，小韓的人事檔案雖未轉出，但小韓與該公司此期間並不存在事實勞動關係，判決小韓敗訴，公司勝訴。後小韓不服一審判決，也提出上訴，但仍獲得維持相同判決的結果。

---

❺　全國人大常委會法制工作委員會編，《中華人民共和國勞動合同法釋義》，
　　2007，北京：法律出版社，頁 26。

在實務上，舉證企業與勞動者之間是否存在勞動關係，可以透過以下幾種方式進行：

(1)工資支付舉證或記錄（職工工資發放名冊）；

(2)繳納各項社會保險費的紀錄；

(3)用人單位向勞動者發放的「工作證」、「服務證」等能夠證明身分的證件；

(4)勞動者填寫的用人單位招工招聘登記表、報名表等招用紀錄；

(5)考勤紀錄；

(6)其他勞動者的證言等。

不接受用人單位管理、約束、支配，以自己的技能、設施、知識承擔經營風險，基本上不用聽從單位有關工作指令，與用人單位沒有身分隸屬關係的，司法實踐中可認定不是用人單位的勞動者，可根據雙方關係的實際狀況來確定雙方的法律關係。

【案例】

葉生自 1991 年 4 月從某大學畢業後，由人才交流中心推薦到某高科技公司上班。同年 5 月，葉生開始上班，但他拒絕與該公司簽訂勞動合同。同年 8 月，葉生向公司提出職務調動申請，卻遭到公司管理階層的拒絕，葉生知曉後便也拒絕至公司上班。同年 12 月，該公司便以曠職對葉生做出處分，該公司以葉生曠職為由，對葉生停止發放薪資。1992 年 3 月，葉生因為罹患肝癌住院，向公司多次

提出要求，給付其醫療的費用，但公司因前述理由拒絕給付。6月葉生因肝癌死亡。葉生之父親，便向當地地方法院提出訴訟，要求公司應當負擔葉生之醫療費用 2 萬餘元與喪葬費用，並補發被停發的工資。

該公司向法院主張，葉生並未與公司簽訂勞動合同，不屬於公司的正式職工，再者，該公司是屬於私營的企業組織，與聘用人員所簽訂的聘書中約定，公司提供每月的 10 元醫療補助費，並不享有公費醫療及其他勞保福利，所以不需提供葉生因病有關的一切費用。

當地地方法院審理後，認為該公司係經過合法登記的集體所有制企業，依照「城鎮集體所有制企業條例」的規定，應當承擔葉生醫藥費及死後的喪葬費、撫恤費。因此，葉生生前被扣發的六個月工資，應予補發。宣判後，該公司不服，再度向法院提起上訴。

當地上訴法院審理認為，葉生在該單位工作期間，非因公生病住院治療直至去世。根據大陸有關職工勞動保險法規的規定，該公司應承擔其生病住院期間的醫療費、工資，以及去世後的喪葬費、撫恤費。但鑑於該公司所實行的醫療費制度，以及葉生在該單位的工作期間過短的實際情況，為求公平合理原則，葉生的醫療費，應由該公司和葉生家人共同分擔為宜。至於補發工資部分，因屬企業內部管理行為，本院不予審理。故變更原審法院判決。❻

用人企業與勞動者雙方的告知義務

立法者基於用人單位的知情權是有限的，然而其有權了解勞動

---

❻ 案例來源：新勞動合同法資料站。

者的基本情況，包括知識技能、學歷、職業資格、工作經歷以及部分與工作有關的勞動者個人情況，如家庭住址、主要家庭成員等，因此於勞動合同法第八條指出，「用人單位有權了解勞動者與勞動合同直接相關的基本情況，勞動者應當如實說明」。但企業要求了解的範圍僅限於與勞動合同直接相關的基本情況，這也是為了防止用人單位侵害勞動者的隱私。若勞動者未誠實說明情況，甚至構成詐欺的話，根據勞動合同法第二十六條規定，勞動合同無效或部分無效。另根據勞動合同法第二十九條規定，用人單位可以解除勞動合同。其法律責任，根據勞動合同法第八十六條規定，訂立的勞動合同被確認無效，若造成對方損害者，有過失的一方必須承擔賠償責任。❼

　　而站在勞動者的立場，也有權了解與工作相關的事實。依照勞動合同法第八條指出，「用人單位招用勞動者時，應當如實告知勞動者工作內容、工作條件、工作地點、職業危害、安全生產狀況、勞動報酬，以及勞動者要求了解的其他情況」。不過，用人單位不僅僅應當履行告知義務，還應當保留已如實告知的書面證據。例如在勞動合同中約定：「乙方（勞動者）已向甲方（用人單位）充分了解工作內容、工作條件、工作地點、職業危害、安全生產狀況、勞動報酬以及其他有關情況，自願簽訂本合同。」或者，為了避免勞動者提供虛假資料欺詐用人單位，可要求勞動者在入職登記表中聲明：「本人提供的學歷證明、資格證明、身分證明、工作經歷等個人資料均

---

❼　全國人大常委會法制工作委員會編，《中華人民共和國勞動合同法釋義》，2007，北京：法律出版社，頁 26-30。

真實可靠」，「本人充分了解上述資料的真實性是雙方訂立勞動合同的前提條件」等等。

【案例】

　　1993 年 8 月，劉同受聘於某公司，該公司依照新進人員相關規定，要求劉同需先進行身體健康檢查。雖劉同過去曾於 1987 年因病摘除右腎臟，但經體檢後的結果報告為「健康」，劉同遂順利成為該公司正式員工，並參加該公司的培訓，其後分配到所屬辦事處擔任實習會計員。同年 9 月，公司與劉同雙方簽訂為期五年的勞動合同，擔任業務工作，約定試用期六個月。該公司最後獲悉劉同已摘除右腎臟的病史，隔年 2 月，便以劉同存在身體嚴重缺陷為由，解除雙方勞動合同。因此之故，劉同遂於同年 8 月向仲裁機構提出仲裁的申請，仲裁的結果支持勞動合同解除，劉同不服，遂向當地地方法院提出訴訟申請。

　　地方法院在審理階段期間，要求劉同並委託相關醫療單位再次對劉同進行身體健康檢查，檢查結果顯示，劉同雖缺少右腎臟，但依然具備與正常人相同的生活能力與工作能力，並未如該公司所指稱之嚴重缺陷的程度。因此認為該公司與劉同的勞動合同應當依然具合法效力。另外，以劉同在試用期間能夠勝任公司所指派的任務，便應該認定劉同符合公司於新招聘員工關於生理方面的錄用條件。所以該公司認定劉同身體存在嚴重缺陷的主張與理由無法成立，應當撤銷解除勞動合同的決定，並繼續履行勞動合同。

　　該公司不服法院一審判決，再向當地法院提起上訴，但被該法院駁回上訴，維持原判。❽

勞動合同書面化

　　過去在實務運作上經常出現不採用簽訂勞動合同或者僅以口頭的方式約定勞動合同等情況，勞動合同法對此特別在第十條強制規定，「建立勞動關係，應當訂立書面勞動合同。已建立勞動關係，未同時訂立書面勞動合同的，應當自用工之日起一個月內訂立書面勞動合同。用人單位與勞動者在用工前訂立勞動合同的，勞動關係自用工之日起建立」。

　　根據立法者的解釋，合同有口頭與書面之分，勞動合同在理論上也有口頭與書面之分。因此在勞動合同法制定過程中，也曾有意見建議，勞動合同法應承認口頭合同的效力，認為承認口頭合同有利於保護一些文化程度低的勞動者，也更符合一些規模較小的用人單位的實際情況，認為一律都簽書面勞動合同實有困難。然而，考慮到勞動法領域中一貫強調要求訂定書面勞動合同，而實踐中書面勞動合同簽訂率偏低的現狀；而且口頭勞動合同的內容難以固定，容易產生爭議；不簽訂書面勞動合同對勞動者弊大於利；書面勞動合同可以根據實際情況有不同內容；書面勞動合同不僅能證明勞動關係的存在，而且清楚記載勞動合同雙方的權利義務，在發生勞動爭議時，可以作為主要的證據使用，有利於糾紛的解決，也便於勞動行政部門監督執法等情況，因此，勞動合同法明確規定建立勞動關係，應當訂立書面勞動合同，該規定實際上否定了口頭勞動合同

❽　案例來源：新勞動合同法資料站。

的法律效力，明確了書面勞動合同是勞動合同唯一合法形式。**❾**

　　過去中國大陸國有企業進行轉制時，曾發生職工不願意簽訂勞動合同的情況，大陸勞動部曾明確以「勞動部辦公廳關於固定工簽定勞動合同有關問題的覆函」（勞辦發〔1996〕71 號），對固定工轉制時不與企業簽訂勞動合同和雙方協商不一致簽不成勞動合同問題進行了答覆，勞動法明確規定，勞動合同是勞動者與用人單位確立勞動關係、明確雙方權利和義務的協議。建立勞動關係應當訂立勞動合同。勞動部《關於貫徹執行「中華人民共和國勞動法」若干問題的意見》（勞部發〔1995〕309 號）進一步規定，在國有企業固定工轉制過程中，勞動者無正當理由不得單方面與用人單位解除勞動關係；用人單位也不得以實行勞動合同制度為由，藉機辭退部分職工。根據以上精神，對企業固定工在轉制過程中遇到的問題，可按下述辦法處理：

　　第一，職工不願與用人單位簽訂勞動合同，經雙方協商同意，可在書面申請三十日後解除勞動關係。對於用人單位所召（接）收的大中專畢業生，按有關規定簽訂了服務合同或其他協議的，未到期的仍應繼續履行，並應予用人單位簽訂勞動合同；對於拒絕簽訂勞動合同又不履行協議的，用人單位可在其提出書面申請三十日後解除勞動關係。勞動關係解除後，如原服務合同、協議約定或用人單位依法規定了賠償法的，職工應按服務合同、協議約定和用人單

---

❾　全國人大常委會法制工作委員會編，《中華人民共和國勞動合同法釋義》，
　　2007，北京：法律出版社，頁 32。

位規定承擔賠償責任；如無約定或規定的，按國家有關規定執行。用人單位與職工解除勞動關係後，應即時將職工檔案轉到職工新的接收單位；無接收單位的，應轉到職工本人的戶口所在地。

第二，對拒絕簽訂勞動合同但仍要求保持勞動關係的職工，用人單位可以在規定的期限屆滿後，與職工解除勞動關係，並辦理有關手續。

第三，職工給用人單位造成經濟損失，並經有關機構證明尚未處理完畢或由於其他問題在被審查期間，不得與用人單位解除勞動關係。

第四，在轉制過程中，用人單位與職工應本著相互合作的精神，在平等自願的基礎上協商確定勞動合同期限。同時，企業應當以書面形式要求勞動者簽訂勞動合同，無論勞動者願不願意簽訂勞動合同，企業必須謹慎保留已經通知勞動者的有關證據。

此外，關於訂立書面勞動合同的期限，則考慮到實務上，企業經常很難做到一建立勞動關係就立即訂立書面勞動合同，因此保留給企業一個月的寬限期。換言之，依法已建立勞動關係，但未同時訂立書面勞動合同者，應當自用工之日起一個月內訂立書面勞動合同。❿

在這個月內，如果約定的勞動報酬不明確者，依據勞動合同法第十一條，「用人單位未在用工的同時訂立書面勞動合同，與勞動者

---

❿ 全國人大常委會法制工作委員會編，《中華人民共和國勞動合同法釋義》，2007，北京：法律出版社，頁 32。

約定的勞動報酬不明確的，新招用的勞動者的勞動報酬按照集體合同規定的標準執行；沒有集體合同或者集體合同未規定的，實行同工同酬」。本項規定是專門針對用人單位已建立勞動關係，一個月內未訂立書面勞動合同情形所做的規定。

　　然而，目前中國大陸的集體合同制度並不發達，絕大多數企業沒有集體合同，行業性、區域性集體合同也才剛剛起步。如果用人單位與勞動者尚未訂立勞動合同，約定的勞動報酬不明確，在沒有集體合同的情況下，依照本法的規定，用人單位應當對勞動者實行同工同酬。同工同酬是勞動法確立的一項分配原則，意即用人單位對於同一工作崗位、付出相同勞動的勞動者，應當支付大體相同的勞動報酬。不過同工同酬僅是一個相對的概念，通常實務上同一工作崗位的勞動者，也有資歷、能力、經驗等方面的差異，因此勞動報酬有一些差別，只要大體相同，也不違反同工同酬原則。❶

　　值得注意的是，勞動合同法不但要求有勞動關係必須簽訂書面勞動合同，還規定了相關的懲罰條款。根據第八十二條規定，「用人單位自用工之日起超過一個月不滿一年未與勞動者訂立書面勞動合同的，應當向勞動者每月支付二倍的工資。用人單位違反本法規定不與勞動者訂立無固定期限勞動合同的，自應當訂立無固定期限勞動合同之日起向勞動者每月支付二倍的工資」。換言之，包含固定期限與無固定期限的勞動合同在內，只要企業未與員工簽訂書面勞動

---

❶　全國人大常委會法制工作委員會編，《中華人民共和國勞動合同法釋義》，
　　2007，北京：法律出版社，頁 35-37。

合同，員工都有權利向企業要求支付二倍的工資。若自企業實際用工日起超過一年未與勞動者簽訂勞動合同者，依照勞動合同法第十四條，「用人單位自用工之日起滿一年不與勞動者訂立書面勞動合同的，視為用人單位與勞動者已訂立無固定期限勞動合同」。

總而言之，立法者基於有些企業不願意簽訂勞動合同的原因主要是為降低法律風險、壓縮成本、逃避交納社會保險費用等。有的勞動者出於自由跳槽、規避繳納社會保險的考慮，不願簽訂勞動合同。因此，統一在勞動合同法中規定，其要旨如下：第一，書面勞動合同是勞動合同唯一合法形式，不承認口頭勞動合同，達成口頭勞動合同的，視為尚未訂立勞動合同；第二，勞動關係一經建立，應該簽訂書面勞動合同。已建立勞動關係，未同時訂立書面勞動合同的，應當自用工之日起一個月內訂立書面勞動合同；第三，用人單位自用工之日起超過一個月但不滿一年未與勞動者訂立書面勞動合同的，應當向勞動者每月支付二倍的工資；第四，用人單位自用工之日起滿一年不與勞動者訂立書面勞動合同的，視為用人單位與勞動者已訂立無固定期限勞動合同；第五，用人單位違反本法規定不與勞動者訂立無固定期限勞動合同的，自應當訂立無固定期限勞動合同之日起向勞動者每月支付二倍的工資。❷

關於勞動合同簽訂的相關細節，也於同法第十六條作出了雙方簽字與各執一份的規定，該項規定「勞動合同由用人單位與勞動者

---

❷ 全國人大常委會法制工作委員會編，《中華人民共和國勞動合同法釋義》，2007，北京：法律出版社，頁 32-35。

協商一致，並經用人單位與勞動者在勞動合同文本上簽字或者蓋章
生效。勞動合同文本由用人單位和勞動者各執一份」，如果雙方當事
人簽字或者蓋章時間不一致的，以最後一方簽字或者蓋章的時間為
準。如果有一方沒有寫簽字時間，那麼另一方註明的簽字時間就是
合同的生效時間。其次，勞動合同應該一式兩份，由雙方各自保管，
然而多數企業在員工不主動要求獲得勞動合同時，往往不將勞動合
同交給員工，使勞動者處於弱勢，因此勞動合同法對此進行細部規
定。同法第八十一條還進一步規定了懲罰條款，「用人單位提供的勞
動合同文本未載明本法規定的勞動合同必備條款或用人單位未將
勞動合同文本交付勞動者的，由勞動行政部門責令改正；給勞動者
造成損害的，應當承擔賠償責任」。

　　至於勞動合同應該具備哪些具體內容，勞動合同法第十七條已
詳細指出，勞動合同應當具備以下條款：

⑴用人單位的名稱、住所和法定代表人或者主要負責人；

⑵勞動者的姓名、住址和居民身分證或者其他有效身分證件號碼；

⑶勞動合同期限；

⑷工作內容和工作地點；

⑸工作時間和休息休假；

⑹勞動報酬；

⑺社會保險；

⑻勞動保護、勞動條件和職業危害防護；

(9)法律、法規規定應當納入勞動合同的其他事項。

另外，勞動合同除前款規定的必備條款外，用人單位與勞動者之間可以約定試用期、培訓、保守秘密、補充保險和福利待遇等其他事項。

關於勞動合同的期限，一般是由企業與勞動者自行約定，有訂立期限者稱為固定期限勞動合同，也可以約定以完成一定工作任務為期限的勞動合同，勞動合同法第十五條規定，「以完成一定工作任務為期限的勞動合同，是指用人單位與勞動者約定以某項工作的完成為合同期限的勞動合同。用人單位與勞動者協商一致，可以訂立以完成一定工作任務為期限的勞動合同。」

因此，用人單位與勞動者協商一致，可以訂立以完成一定工作任務為期限的勞動合同。例如某一項工作或工程開始之日，即為合同開始之時，此項工作或者工程完畢，合同即告終止。以完成一定工作為期限的勞動合同，合同雙方當事人在合同存續期間建立的是勞動關係，這種勞動合同實際上屬於固定期限的勞動合同，只不過表現形式不同。一般在以下幾種情況下，用人單位與勞動者可以簽訂以完成一定工作任務為期限的勞動合同：㈠以完成單項工作任務為期限的勞動合同；㈡因季節原因用工的勞動合同；㈢其他雙方約定的以完成一定工作任務為期限的勞動合同。 ⓭

⓭ 全國人大常委會法制工作委員會編，《中華人民共和國勞動合同法釋義》，2007，北京：法律出版社，頁48-49。

勞動合同的續訂

企業與勞動者不簽訂勞動合同的情形，實務上是以勞動合同期滿，企業未主動表示是否續訂的情況較為常見。按照「北京市勞動合同規定」第四十五條規定，「勞動合同期限屆滿，因用人單位的原因未辦理終止勞動合同手續，勞動者與用人單位仍存在勞動關係的，視為續延勞動合同。」亦即當勞動合同期滿後，用人單位並無辦理終止或者續訂勞動合同手續，勞動者仍在該用人單位工作的，視為雙方同意按照原勞動合同約定的條件履行，已經形成的勞動關係，按照事實勞動關係處理。

如本章所述，事實勞動關係是指用人單位與勞動者之間既無書面形式的勞動合同，又存在著事實勞動關係的一種狀態。主要有以下幾種情況：

⑴自始未訂立書面合同。
⑵勞動合同期滿後未及時續訂合同，但勞動關係仍在延續。
⑶勞動者下崗失業以後，保留原有勞動關係而與第三方達成口頭協定，形成事實勞動關係。
⑷其他原因形成的事實勞動關係。

因此，續訂勞動合同的相關法律權利義務原則上也與新訂勞動合同類似。只要能夠證明存在事實勞動關係，企業就有與勞動者簽訂勞動合同的義務，否則就要受罰。

【案例】

於 1989 年 11 月至 1989 年 12 月期間，某貿易公司與小玲、小妮、寶珊等三人分別簽訂五年期的勞動合同。阿國則與某地方銷售公司簽訂同為五年的勞動合同，但兩間公司皆為相同老闆，後來阿國於 1992 年被調至貿易公司工作，負責協助貿易公司的發展與制度的改善。

1995 年 5 月，貿易公司經職工代表大會討論通過《全員勞動合同制實施細則》。同年 8 月，該貿易公司便根據此細則，分別與四人簽訂了兩年的勞動合同，合同期限從 1995 年 8 月 1 日起至 1997 年 8 月 1 日止。合同到期後，該貿易公司沒有通知四人終止勞動合同，也未續簽勞動合同。1998 年 7 月，該貿易公司以雙方所簽訂的勞動合同已到期為由，通知四人終止勞動合同關係。

因此，小玲、小妮、寶珊及阿國四人便向勞動爭議仲裁委員會申請仲裁，請求維持原勞動關係，並要求與貿易公司續簽勞動合同。經勞動爭議仲裁委員會審理裁決，認為貿易公司應與四人補簽二至七年的勞動合同，並為其繳納社會保險金。但貿易公司不服該裁決，遂向地方法院提起訴訟。

然而地方法院支持勞動仲裁的決議，因此貿易公司繼續提出上訴。小玲於上訴期間，向法院提出自己於 1998 年 10 月懷孕，並已於二審訴訟期間 1999 年 7 月生產。

法院認為，貿易公司的《全員勞動合同制實施細則》中，雖然有合同制職工應與無線電廠簽訂 5–10 年勞動合同的規定，但同時也規定如果本人自願，職工可與公司簽訂短期勞動合同，也可不與公司簽訂勞動合同。因此貿易公司與四人簽訂為期兩年的勞動合同，

並不違背該實施細則的規定。

　　其次，勞動合同期滿後，雙方都未提出終止或續訂勞動合同，勞動者若繼續提供勞動，雙方形成事實勞動的關係。

　　根據勞動部在勞部發 (1996) 354 號《關於實行勞動合同制度若干問題的通知》第十四條中規定：「有固定期限的勞動合同期滿後，因用人單位方面的原因未辦理終止或續訂手續而形成事實勞動關係的，視為續訂勞動合同。用人單位應及時與勞動者協商合同期限，辦理續訂手續。因此給勞動者造成損失的，該用人單位應當依法承擔賠償責任。」因此，一審判決雙方補簽二至七年期限的勞動合同，應當糾正。

　　然而，小玲於 1998 年 10 月懷孕，視為在勞動合同期內懷孕。依照勞動法第六十二條、第六十三條對女職工特殊保護的規定，小玲與貿易公司間的勞動合同關係，必須延續到哺乳期滿。據此，法院依照判決，小妮、寶珊、阿國與貿易公司之間的勞動合同關係，至 1999 年 8 月 1 日終止；貿易公司與小玲之間的勞動合同關係，至 2000 年 7 月 30 日終止。勞動關係存續期間，貿易公司應分別為其繳納社會保險金。❹

固定期限與無固定期限的勞動合同

　　勞動合同法第十四條，「無固定期限勞動合同，是指用人單位與勞動者約定無確定終止時間的勞動合同」。「無確定終止時間」是指勞動合同沒有一個確切的終止時間，勞動合同的期限長短不能確定，

---

❹　案例來源：新勞動合同法資料站。

但並不是沒有終止時間。只要是沒有出現法定解除情形或者雙方協
商一致解除的,雙方當事人就要繼續履行勞動合同。一旦出現了法
定情形或者雙方協商一致解除的,無固定期限勞動合同一樣也能夠
解除。❶

　　由於中國大陸在九〇年代推行勞動合同制度前,主要實行的是
固定工制。固定工制被視為「鐵飯碗」、「終身制」,企業很難辭退勞
動者,造成企業內部人力流動率極低,進而使企業所表現出來的彈
性度與適應市場能力不足。1994 年大陸頒布勞動法,試圖透過在全
國各類企業中推行勞動合同制度,調整以往企業活力不足的問題,
然而,由於多數企業都轉而採取與勞動者簽訂有期限的勞動合同,
反而造成人力流動性太高,而勞動者無法追求穩定的職涯發展,進
而使社會的勞動關係不穩定。因此,為了提高無固定期限的勞動合
同所占的比例,勞動合同法在相關的規定上有很大的轉變。

　　依照勞動合同法第十四條,用人單位與勞動者協商一致,可以
訂立無固定期限勞動合同。有下列情形之一,勞動者提出或者同意
續訂、訂立勞動合同的,除勞動者提出訂立固定期限勞動合同外,
應當訂立無固定期限勞動合同:

⑴勞動者在該用人單位連續工作滿十年的;
⑵用人單位初次實行勞動合同制度或者國有企業改制重新訂立勞動

---

❶　全國人大常委會法制工作委員會編,《中華人民共和國勞動合同法釋義》,
　　2007,北京:法律出版社,頁 42-47。

合同時，勞動者在該用人單位連續工作滿十年且距法定退休年齡
不足十年的；

(3)連續訂立二次固定期限勞動合同，且勞動者沒有本法第三十九條
和第四十條第一項、第二項規定的情形，續訂勞動合同的。

　　用人單位自用工之日起滿一年不與勞動者訂立書面勞動合同
的，視為用人單位與勞動者已訂立無固定期限勞動合同。

　　上述第一項，勞動者在該用人單位連續工作滿十年的，主要是
針對已經實行勞動合同制的情形所做出的規定，其用意在於如果一
個勞動者在該用人單位工作了十年，就能說明他已經能夠勝任這分
工作，因此在這種情形下，只要勞動者願意，用人單位應當與勞動
者訂立無固定期限勞動合同。關於「連續工作滿十年」的定義，包
含兩種可能的情況，其一，所謂勞動者在同一用人單位中連續工作
滿十年，與簽訂勞動合同的次數和勞動合同的期限都沒有關係，換
言之，這十年當中，勞動者可以簽訂與企業經歷多個勞動合同，每
個勞動合同的期限也都可以不同。例如勞動者的勞動合同一年一簽，
連續簽了十次，就屬於本規定中連續工作滿十年的情形。又如勞動
者曾與用人單位先簽訂了兩年期限的勞動合同，後來因離職而有中
斷，但之後又與企業簽訂了書面勞動合同，則自此重新計算後，只
要連續工作滿十年，亦屬於本規定的情形。其二，其工作期間必須
是連續的，中間不得有間斷，如有的勞動者在用人單位工作五年後，
離職到別的單位去工作了兩年，然後又回到了這個用人單位工作五

年，雖然累計時間達到了十年，但是勞動合同期限有所間斷，不屬
於本規定的情形。然而，為了防止用人單位規避本規定，在勞動者
連續工作九年半的時候，通過種種手段，造成工作期間不滿十年，
但又繼續使用勞動者的情況，立法者將透過由具體執法和司法部門
做相應補充規定，❻企業可加以注意。

　　第二項所述「用人單位初次實行勞動合同制度或者國有企業改
制重新訂立勞動合同時，勞動者在該用人單位連續工作滿十年且距
法定退休年齡不足十年的」，這主要是針對初次實行勞動合同制或者
國有企業改制的情形做出的規定，無論勞動者之前有無簽訂勞動合
同，只要符合「雙十」條件的，勞動者就可要求訂立無固定期限勞
動合同。自1986年10月1日起，大陸國營企業在新招收工人中普
遍推行勞動合同制。九〇年代，勞動合同制度成為國有企業改革的
核心內容。考慮到國有企業的一些老職工，給國家和企業做出過很
多貢獻，現在一下子將他們推向市場，限於年齡和技能，競爭力較
弱，很難再就業。因此，為了保護老職工的利益，本條規定只要符
合「雙十」條件的，在續訂勞動合同時，除了勞動者自己要求訂立
固定期限勞動合同外，應當簽訂無固定期限勞動合同。本規定也適
用於事業單位初次實行聘用制勞動合同的情形。

　　第三項的「連續訂立二次固定期限勞動合同，且勞動者沒有本
法第三十九條和第四十條第一項、第二項規定的情形，續訂勞動合

---

❻　全國人大常委會法制工作委員會編，《中華人民共和國勞動合同法釋義》，
　　2007，北京：法律出版社，頁42-47。

同的」。根據這一項規定，在勞動者沒有本法第三十九條和第四十條第一項、第二項規定的用人單位可以解除勞動合同的情形下，如果用人單位與勞動者簽訂了一次固定期限勞動合同，在簽訂第二次固定期限勞動合同時，就意味著下一次很可能簽訂無固定期限勞動合同。**⑰**

　　因此，用人單位與勞動者連續訂立兩次固定期限勞動合同，用人單位僅在第一次合同到期時，可以行使合同的終止權，當用人單位與勞動者簽訂第二次固定期限勞動合同時，相當於已經考慮與勞動者訂立無固定期限勞動合同，原因是第二次合同到期後，如果勞動者要求訂立無固定期限勞動合同，用人單位就必須訂立。換言之，用人單位決定是否繼續聘用勞動者的重要時機，已經提前到第一次勞動合同到期時，終止勞動合同還是續訂無限期勞動合同，用人單位必須作出選擇。

集體合同

　　中國大陸自 1994 年通過勞動法的規定，開始實施集體合同制度。集體合同是指工會或職工代表，代表全體職工與用人單位之間根據法律、法規的規定，就勞動報酬、工作時間、休息休假、勞動安全衛生、保險福利等事項，在平等一致的基礎上簽訂書面協議。

　　集體合同是指企業職工一方與用人單位就勞動報酬、工作時間、

---

⑰　全國人大常委會法制工作委員會編，《中華人民共和國勞動合同法釋義》，2007，北京：法律出版社，頁 42-47。

休息休假、勞動安全衛生、保險福利等事項，通過平等協商達成的書面協議。集體合同實際上是一種特殊的勞動合同，它具有以下各方面的特徵：首先，它是一項勞動法律制度；其次，它適用於各類不同所有制企業；第三，集體合同的訂立，主要通過勞動關係雙方的代表或雙方的代表組織自行交涉解決；第四，集體合同制度的運作十分靈活，沒有固定模式，並且經法定程序訂立的集體合同，對勞動關係雙方具有約束力；第五，集體合同制度必須遵循的一項重要原則，就是勞動關係雙方在平等自願的基礎上相互理解和相互信任。集體合同制度對於保障勞動者的權益，調整和協調勞動關係發揮了很大作用，其中一項重要的作用，就是強調勞動合同的空白。對於一些雙方當事人沒有在勞動合同中約定的事項，可以依照集體合同規定的標準來確定。在用人單位和勞動者還沒有訂立勞動合同，約定的勞動報酬不明確的情況下，就可以按照集體合同規定的勞動報酬標準來確定。集體合同可以是企業集體，也可以是行業性或者區域性的集體合同。 ⑱

集體合同與勞動合同差異之處在於：第一，當事人不同。勞動合同當事人為單獨的勞動者和用人單位；集體合同的當事人為勞動者團體和用人單位或其團體，故又稱為團體協約或團體合同。第二，目的不同。訂立勞動合同的主要目的是確立勞動關係；訂立集體合同的主要目的，是為了確立勞動關係設立的具體標準，亦即在效力

⑱ 全國人大常委會法制工作委員會編，《中華人民共和國勞動合同法釋義》，2007，北京：法律出版社，頁 35-37。

範圍內規範勞動關係。第三，內容不同。勞動合同以單獨勞動者的權利和義務為內容；集體合同以集體勞動關係中，全體勞動者的共同權利和義務為內容。第四，形式不同。勞動合同在有的國家為書面合同與口頭合同並存；集體合同一般為書面。第五，效力不同。勞動合同只對單獨勞動者與用人單位有法律效力；集體合同則對簽訂合同的用人單位甚至用人單位所代表的全體用人單位，以及工會和工會所代表的全體勞動者，都有法律效力。一般而言，集體合同的效力高於勞動合同的效力。

　　當集體合同發生爭議時，同樣也是以工會作為主要的採取行動者，按照勞動合同法第五十六條規定，「用人單位違反集體合同，侵犯職工勞動權益的，工會可以依法要求用人單位承擔責任；因履行集體合同發生爭議，經協商解決不成的，工會可以依法申請仲裁、提起訴訟」。

　　集體勞動合同的立法用意，是為了要彌補勞動立法與個別的勞動合同之不足。換言之，勞動立法所規定的事項，是勞動者利益保護的最低標準，例如勞動合同法第五十五條規定，「集體合同中勞動報酬和勞動條件等標準不得低於當地人民政府規定的最低標準；用人單位與勞動者訂立的勞動合同中勞動報酬和勞動條件等標準不得低於集體合同規定的標準」。透過鼓勵集體合同制度的推行，可以使勞動者獲得較高標準的利益，同時，集體合同也能納入一些因應特殊情況所需的協議，以彌補勞動立法的不足。另一方面，站在勞動者的立場，集體合同能為相對弱勢的勞動者把關，避免不合理的條

款，而且也能確保勞動合同中權利和義務平等實現。❶⓳

　　集體合同的內容，依照勞動合同法第五十一條規定，「可以就勞
動報酬、工作時間、休息休假、勞動安全衛生、保險福利等事項訂
立集體合同」。此外，根據立法用意，「集體合同草案應當提交職工
代表大會或者全體職工討論通過」。另外，原則上「集體合同由工會
代表企業職工一方與用人單位訂立」，若尚未建立工會的用人單位，
可以「由上級工會指導勞動者推舉的代表與用人單位訂立」。

　　除了一般性的集體合同之外，也可以根據勞動合同法第五十二
條，訂立專項集體合同，包括「勞動安全衛生、女職工權益保護、
工資調整機制等專項集體合同」。或者亦可在各地區訂立行業性集體
合同，如勞動合同法第五十三條規定，「在縣級以下區域內，建築業、
採礦業、餐飲服務業等行業可以由工會與企業方面代表訂立行業性
集體合同，或者訂立區域性集體合同」。例如上海市總工會、上海市
勞動和社會保障局、上海市企業聯合會共同推動區域性與行業性集
體合同，截至 2006 年底，已簽訂了 4,923 份區域性集體合同，包含
63,599 家企業以及 858,820 位職工。在行業性集體合同方面，2006 年
3 月 27 日山東省機械電子工會與省機械工業辦公室共同簽訂《山東
省機械行業集體合同》，其內容包括了職工工資、工作時間和休假、
保險福利、勞動爭議等方面，而且適用於全省三千多家企業與相關
單位。

⓳　全國人大常委會法制工作委員會編，《中華人民共和國勞動合同法釋義》，
　　2007，北京：法律出版社，頁 192。

　　集體合同訂立之後，須經一定的行政流程後生效，根據勞動合同法第五十四條規定，「集體合同訂立後，應當報送勞動行政部門；勞動行政部門自收到集體合同文本之日起十五日內未提出異議的，集體合同即行生效」。若為一般集體合同，則其「對用人單位和勞動者具有約束力」，若為行業性、區域性集體合同，則「對當地本行業、本區域的用人單位和勞動者具有約束力」。❷⓿

---

❷⓿　全國人大常委會法制工作委員會編，《中華人民共和國勞動合同法釋義》，
　　2007，北京：法律出版社，頁 205。

第 *5* 章

員工培訓、競業限制與違約金的規定

　　企業培訓員工的主要用意，其一，讓新進員工具備工作所需的技能，通常稱為職前訓練，其二，企業因應競爭環境或本身的生產或研發等各種技術需求，決定透過內部人才的培養以達到策略目的，也會提供內部員工專業技術培訓，這類的培訓可能涉及較大的培訓費用及較長的培訓期。

　　中國大陸將培訓的形式一般分為「脫產培訓」、「半脫產培訓」及「非脫產培訓」。所謂的脫產培訓 (off-job training) 是指人員離開工作和工作現場，由企業內外的專家和教師，對企業內各類人員進行集中教育培訓，換言之，由於預期該項培訓的效果，是無法透過員工在原來的工作學習 (on-job training) 得來，因此必須透過企業外部的課程，對內部的員工提供訓練，因應企業的需求，員工有時必須離開工作一段時間以接受培訓。若員工受訓時仍繼續工作，則為非脫產培訓，介於兩者之間者為半脫產培訓❶。對企業而言，採取

---

❶ 脫產培訓可進一步分為三大類：分層脫產培訓、分專業脫產培訓、分等級脫產培訓。「分階層脫產培訓」就是對不同階層的員工進行脫產教育培訓，包括對各類管理階層人員的培訓，還包括對新進員工的職前培訓，對女員工的脫產培訓，對重要幹部的脫產培訓等。「分專業脫產培訓」是指按不同專業對各類員工進行脫產教育培訓，包括對不同員工進行全面質量教育

非脫產方式或半脫產方式的培訓，實務上比較常用且符合企業人力資源的運作。

依照勞動合同法規定，在勞動合同中，企業與勞動者之間僅僅可以就培訓以及商業秘密或競業限制兩種情況約定違約金，在其他情況之下約定違約金，是不被允許的。❷以下就違約金的規定進一步詳述。

違約金的規定

中國大陸鼓勵企業對員工提供培訓，以利勞動力水準的提升。在此思維之下，企業為員工進行培訓，有其義務性。例如勞動法第六十八條規定，「用人單位應當建立職業培訓制度，按照國家規定提取和使用職業培訓費，根據本單位實際，有計畫地對勞動者進行職業培訓。從事技術工種的勞動者，上崗前必須經過培訓。勞動者有接受培訓的權利」。❸

培訓、安全生產教育培訓，以及專業教育培訓和技術教育培訓等。「分等級脫產培訓」類似「職工終身教育制」，即在進入公司前進行前期教育；進入公司後進行新進員工教育；隨著職務職位等級上升，進行定期或不定期的教育。從另一個角度說，對每一位處在不同職務或職位等級上的員工來說，都必須經歷相對的「脫產教育培訓」，以便更快地適應所承擔的新職務或新職位。

❷　勞動合同法第二十五條，「除本法第二十二條和第二十三條規定的情形外，用人單位不得與勞動者約定由勞動者承擔違約金」。

❸　全國人大常委會法制工作委員會編，《中華人民共和國勞動合同法釋義》，

值得注意的是，按照勞動法的立法用意，企業必須要「提取」單位工資總額的一定比例，作為「培訓費用」，這是企業所應承擔的義務，因此在企業固定提撥的培訓範圍內，例如每年的新人職訓、固定的專項培訓課程等，都屬於企業應盡的義務。

在這個前提之下，既然企業原本就有對員工進行培訓的義務，則根據勞動合同法第二十二條規定，「用人單位為勞動者提供專項培訓費用，對其進行專業技術培訓的，可以與該勞動者訂立協定，約定服務期」，意思是說，一般的培訓，例如職前訓練等，乃屬企業所應承擔的義務範圍。若企業與勞動者針對培訓費用有所約定的話，則必須是指企業為發展某些特殊技術而派遣員工前往學習，或其他藉以提升員工專業知識或技能的專項培訓。因此，非屬於企業培訓員工的義務範圍者，始得依照勞動合同法進行約定。建議企業與勞動者或新進員工約定專項培訓費用時，應先查詢勞動部門有否針對專項培訓的項目進行明確的解釋，以避免將來雙方有爭議產生。

在法律允許的範圍內，企業與員工可以針對專項培訓約定服務期，例如該員工接受企業出資十萬元的專項培訓之後，必須返回企業服務一年。若該名員工違反服務期約定的話，也就是未返回企業服務或未達約定服務期者，依勞動合同法第二十二條規定，「應當按照約定向用人單位支付違約金」。但是，若該員工完全沒有履行服務期義務者，其應賠償的違約金的數額，也不得超過用人單位提供的培訓費用的總額；若該員工曾履行服務期的義務但不滿約定的年限，

2007，北京：法律出版社，頁75。

則應按比例計算，亦即「用人單位要求勞動者支付的違約金不得超過服務期尚未履行部分所應分攤的培訓費用」。此外，該員工在服務期工作的這段時間，任何應該對其調整薪資的機制，例如年資增加、年終分紅、最低薪資的調整等，都不應該將其排除在外，即為同法所規定之「用人單位與勞動者約定服務期的，不影響按照正常的工資調整機制提高勞動者在服務期期間的勞動報酬」。

　　實務上，企業與勞動者簽訂服務期協議的期限有時會與原定的勞動合同期限不一致，通常都是服務期協議的期限較勞動合同的期限長，當發生這樣的情況時，為了避免不必要的爭議，在可預知將來可能有培訓的可能性時，建議企業在與勞動者簽訂勞動合同時，可在勞動合同中預先約定如下條款：「如雙方另行訂立的服務期協議中約定的服務期與本合同期限不一致的，如雙方約定的服務期限長於本合同期限，則本合同期限屆滿後不終止，勞動合同期限自動順延至服務期限屆滿之日」。

　　若無法事先在勞動合同中註明此項條款，但仍有服務期約定的必要時，也可以依照勞動合同法第三十五條規定，「用人單位與勞動者協商一致，可以變更勞動合同約定的內容。變更勞動合同，應當採用書面形式。變更後的勞動合同文本由用人單位和勞動者各執一份」，這在實務上都可以彈性運作。

　　然而，若真的發生勞動合同期限屆滿，但服務期尚未開始，勞動者卻提出終止勞動合同的情況，則根據立法者的解釋，如果用人單位放棄對勞動者履行剩餘服務期要求的，則勞動合同可以終止，

用人單位當然也不得要求勞動者支付違約金。然而若勞動合同期限屆滿，用人單位要求勞動者繼續履行剩餘服務期，但勞動者不願意續訂勞動合同或變更勞動合同的話，勞動者應當向用人單位承擔違約責任，該項違約金不得超過服務期尚未履行部分所應分攤的培訓費用。

換言之，企業若表示同意該員工不必繼續履行服務期，則事後也不能再要求違約金的賠償。若企業不同意該員工免除協議中的義務，要求繼續履行服務期者，則該員工就必須繼續工作至服務期滿，且勞動合同的期限也應進行變更。若該員工堅持不履行義務，則屬違約而必須辦理償還違約費用。

【案例】

某公司於 2005 年 6 月 30 日聘用燕姿擔任會計，雙方並簽訂勞動合同約定期限自 2005 年 6 月 27 日至 2008 年 6 月 30 日止。2006 年 1 月，公司因有德國發展的計畫，看中燕姿外語學習能力強，因此安排燕姿接受至德國 2 週的培訓計畫，另外並使雙方簽訂了一份培訓協訂，約定培訓期間費用均由公司支付，並要求燕姿於受訓期滿回國後必須返回公司服務三年。若因燕姿在服務期內，因故提前解除勞動合同，則應依照比例向公司歸還所受培訓費用。

2006 年 4 月，燕姿因個人因素向公司申請離職，公司隨即便依合同約定向燕姿發出了《培訓補償通知書》，要求燕姿賠償培訓費用 1 萬元。燕姿拒絕支付該筆費用。該公司即向勞動爭議仲裁委員會提出仲裁申請。2006 年 10 月 12 日，仲裁委員會裁定，燕姿應賠償公

司培訓費用 1 萬元。燕姿不服，遂上訴至法院。

　　燕姿聲稱自己於德國接受培訓期間並未實質獲得任何幫助，並未如公司所言之培訓相關課程，因此請求法院確認雙方之間不存在償還培訓費用的權利義務關係。而公司則指稱，已於培訓期間給予燕姿優厚待遇與補助費用，並有實際培訓計畫與課程，但培訓並非一定是要去學校學習，而是根據工作需要以及實際技能的學習安排適當訓練課程。故燕姿應當按約賠償培訓費用。

　　法院經過審理後判決，雙方簽訂的勞動合同合法有效，雙方均應當按約履行。因此法院依法駁回了燕姿的訴訟請求，並判決燕姿須支付培訓費 1 萬元。❹

【案例】

　　1990 年 12 月，陳勁柯開始任職於某電子公司。1992 年 10 月，陳勁柯與公司簽訂勞動合同以及一份出國人員技術培訓合同。其中約定陳勁柯受過培訓之後，若在合同規定的年限內離職，則公司有權向其要求賠償部分或全部的培訓費用。其賠償金額是三個月的平均薪資，且自離職之日起算至合同到期為止。

　　合同簽訂後，陳勁柯於 1992 年 11 月至 1993 年 10 月前往新加坡參加技術培訓。且於出國前，陳勁柯向電子公司借支 2 萬元差旅費。回國之後，陳勁柯經公司批准，於 1993 年 11 月 22 日至 12 月 4 日返鄉探親。假期屆滿後，陳勁柯之父以假醫院證明向公司請假六個月。1994 年 1 月 22 日，公司派人前往探望陳勁柯，但其不

❹　案例來源：中國法院網訊。

在家中, 同年 2 月 2 日, 該公司遂向陳勁柯發出「責令上班通知書」,
限其於 1994 年 2 月 16 日返回公司上班, 逾期將按《企業職工獎懲
條例》的規定處理。陳勁柯收到通知後, 直至 1994 年 3 月 10 日才
返回公司。

　　該公司鑑於陳勁柯擅自離職達兩個月之久, 根據雙方簽訂的《勞
動合同書》的有關規定, 終止了與陳勁柯的勞動合同。1994 年 2 月,
該公司向勞動爭議仲裁委員會申請仲裁, 要求陳勁柯償還培訓費、
出國借款及所造成的經濟損失。4 月, 該仲裁委員會裁決陳勁柯賠償
電子公司培訓費 3 百萬元, 差旅費 2 萬元, 經濟損失 9 千餘元。

　　陳勁柯不服仲裁裁決, 於 1994 年 5 月向地方法院提起訴訟, 要
求該公司恢復其原工作並補發工資, 同時提出去新加坡參加技術培
訓的培訓費是由新加坡政府提供的, 不應賠償。地方法院經審理認
為, 該公司與陳勁柯簽訂的勞動合同和出國人員技術培訓合同, 係
雙方真實的意思表示, 也符合國家有關法律規定, 應受到法律保護。
陳勁柯在休假期滿後未能及時返回單位, 既未提供合法有效的病休
證明, 也未辦理請假手續。陳收到電子公司責令其上班的通知書後,
仍未及時返回單位, 屬擅自離職行為。根據雙方所簽合同的有關規
定, 自陳擅自離職時起, 雙方簽訂的勞動合同已自行終止。此外,
陳勁柯在新加坡接受技術培訓的培訓費, 已證明為該公司所支付。
故根據雙方所簽訂的勞動合同書和出國人員技術培訓合同的有關規
定, 電子公司要求陳勁柯賠償培訓費、經濟損失和返還差旅費的反
訴理由成立, 要求合理, 應予支持。❺

---

❺　案例來源: 中國法院網訊。

【案例】

　　2002 年 7 月，小李剛從學校畢業即被某公司聘用，擔任該公司的產品試驗工作，雙方並簽訂了勞動合同。在工作期間，小李參加該行業的職業培訓，並由公司出資全額補貼費用，並因此取得了行業協會發放的《動力檢測從業人員資格證書》，該證書由公司保管。2005 年 12 月，小李辭職，要求公司返還自己的從業資格證書，卻遭到公司的拒絕。同年 7 月，小李遂向法院提起訴訟。

　　小李認為此從業資格證書是通過自己努力取得的，該公司應返還該資格證書，且此從業資格證書將影響到自己再就業的權益，因此，請求法院判令公司返還證書。而該公司則認為，公司全額出資小李的培訓費用，所以後經小李考核合格所取得的從業資格證書，應當該由公司保管。

　　法院審理後認為，小李是由公司出資培訓取得了資格證書，此資格證書為行業協會發放給培訓合格的從業人員，理應由小李本人持有。現雙方勞動關係已終結，小李要求公司返還從業資格證書並無不當。公司拒絕返還的意見無法律依據，法院不予採納。❻

　　關於企業在新進員工試用期提供培訓者，依照《勞動部辦公廳關於試用期內解除勞動合同處理依據問題的覆函》（勞辦發〔1995〕264 號）規定，「用人單位出資對職工進行各類技術培訓，職工提出與單位解除勞動關係的，如果在試用期內，則用人單位不得要求勞

---

❻　案例來源：李迎春，《勞動合同法——案例精解與應對策略》，北京：法律出版社，2007，頁 33。

動者支付該項培訓費用」。因此,勞動者在試用期內解除勞動合同的,無須賠償用人單位支付的培訓費用,即使勞動合同中有約定,該約定也無效。這一點值得企業多加注意。

為了避免勞動者在試用期內獲得用人單位的專業技術培訓後離職,建議用人單位除非必要,否則不須在試用期內對勞動者提供專業技術培訓;其次,若必須提供勞動者專業技術培訓,盡量與勞動者協商縮短試用期。

根據實務經驗,部分企業為了吸引優秀人才,提供勞動者當地戶口的申請協助;或者提供住房、配車、司機,甚至於提供勞動者到國外工作的機會等等,根據勞動合同法的規定,都是不可以作為約定服務期或任何違約金的前提,因此唯獨企業對勞動者提供專項培訓費用,對其進行專業技術培訓的,才可以與該勞動者訂立協議,約定服務期。

競業限制的規定

「反不正當競爭法」第十條第三款規定,「本條所稱的商業秘密,是指不為公眾所知悉、能為權利人帶來經濟利益,具有實用性並經權利人採取保密措施的技術信息和經營信息」。因此商業秘密包括兩部分:非專利技術和經營資訊。如管理方法、產銷策略,客戶名單、貨源情報等經營資訊;生產配方、工藝流程、技術訣竅、設計圖紙等技術資訊。商業秘密關乎企業的競爭力,對企業的發展至關重要,有的甚至直接影響到企業的生存。

　　商業秘密和其他知識產權（專利權、商標權、著作權等）相比，有以下特點：第一，商業秘密的前提是不為公眾所知悉，而其他知識產權都是公開的，對專利權甚至有公開到相當程度的要求。第二，商業秘密是一項相對的權利。商業秘密的專有性不是絕對的，不具有排他性。如果其他人以合法方式取得了同一內容的商業秘密，他們就和第一個人有著同樣的地位。商業秘密的擁有者不能阻止在他之前已經開發掌握該資訊的人使用、轉讓該資訊。第三，能使經營者獲得利益，獲得競爭優勢，或具有潛在的商業利益。第四，商業秘密的保護期不是法定的，取決於權利人的保密措施和其他人對此項秘密的公開。一項技術秘密可能由於權利人保密措施得力和技術本身的應用價值而延續很長時間，遠遠超過專利技術受到保護的期限。❼

　　儘管有些資訊在勞動合同期間未經允許，勞動者不得披露給第三方或者複製，但是如果勞動者在勞動過程中由記憶而掌握這些信息，則其在解除勞動合同後可以利用。但是，如果勞動者複製、故意記錄或以任何其他方式掌握客戶名單，是為了將來解除勞動合同以後使用，這種行為就構成了誠信義務的違反，即使沒有競業限制協議，用人單位也可以依據有關法律規定保護自己的商業秘密。由於競業限制限制了勞動者的就業權，並進而影響勞動者的生存權，故其存在僅能以協議的方式確立。❽

---

❼　全國人大常委會法制工作委員會編，《中華人民共和國勞動合同法釋義》，2007，北京：法律出版社，頁 77-82。

　　勞動合同法第二十三條規定,「用人單位與勞動者可以在勞動合同中約定保守用人單位的商業秘密和與知識產權相關的保密事項。對負有保密義務的勞動者,用人單位可以在勞動合同或者保密協議中與勞動者約定競業限制條款,並約定在解除或者終止勞動合同後,在競業限制期限內按月給予勞動者經濟補償。勞動者違反競業限制約定的,應當按照約定向用人單位支付違約金」。

　　本條規定競業禁止的目的是要保護用人單位的商業秘密。勞動者違反競業限制約定的,應當按照約定向用人單位支付違約金,給用人單位造成損失的,應當按照約定向用人單位支付違約金,還要依法支付損害賠償金。但是,在用人單位存在商業秘密,勞動者亦知悉的情況下,勞動合同終結後,勞動者的保密義務仍然延續,即便用人單位未與勞動者簽訂競業禁止協議,勞動者也應當保守用人單位的商業秘密。否則,用人單位可因此追究勞動者的侵權責任。

　　勞動合同法對於企業可以約定競業限制的對象,也有特殊規定。根據同法第二十四條指出,「競業限制的人員限於用人單位的高級管理人員、高級技術人員和其他負有保密義務的人員。競業限制的範圍、地域、期限由用人單位與勞動者約定,競業限制的約定不得違反法律、法規的規定。在解除或者終止勞動合同後,前款規定的人員到與本單位生產或者經營同類產品、從事同類業務的有競爭關係的其他用人單位,或者自己開業生產或者經營同類產品、從事同類

---

❽　全國人大常委會法制工作委員會編,《中華人民共和國勞動合同法釋義》,2007,北京:法律出版社,頁83。

業務的競業限制期限，不得超過二年」。

　　以法律的形式規定勞動者離職後負有競業禁止義務，主要考慮目前越來越多的保密協議、競業限制條款，極大限制了勞動者離職後的就業範圍。同時，用人單位往往在簽訂競業限制協議時即說明日常工資中就已經包括了競業限制的經濟補償，實際上不須另外給勞動者經濟補償。本條規定，對負有保守用人單位商業秘密義務的勞動者，用人單位可以在勞動合同或者保密協議中與勞動者約定競業限制條款，並約定在解除或者終止勞動合同後，在競業限制期限內按月給予勞動者經濟補償。本條有關競業限制補償金及支付時間的規定，在保護用人單位的知識產權和商業秘密的同時，有利於勞動者在具備一定經濟條件的基礎上保護這些信息。

　　勞動合同到期後的競業禁止，由用人單位和勞動者雙方約定。其中最重要的內容是經濟補償，競業限制補償金是用人單位對勞動者履行競業限制義務的補償，用人單位與勞動者有競業限制約定的，應當同時與勞動者約定在勞動合同終止或者解除向勞動者支付的競業限制經濟補償。競業限制經濟補償金不能包含在工資中，只能在勞動關係結束後，在競業限制期限內按月給予勞動者經濟補償。補償金的數額由雙方約定。用人單位未按照約定在勞動合同終止或者解除時向勞動者支付競業限制經濟補償的，競業限制條款失效。這是競業限制條款生效的條件和勞動者遵守競業限制義務的前提。 ❾

---

❾　全國人大常委會法制工作委員會編，《中華人民共和國勞動合同法釋義》，2007，北京：法律出版社，頁 77-82。

　　在實務上，很多企業與勞動者訂立的競業限制協議，往往只約定勞動者應當在一定年限內不得到與本單位生產或者經營同類產品、從事同類企業的有競爭關係的其他用人單位任職，或者自己開業生產或經營同類產品，協議中未約定企業須向勞動者支付經濟補償，或即使約定了企業須支付經濟補償，但實際上企業並未向勞動者支付競業限制補償金。因此立法者認為，如果單純限制勞動者的競爭活動，而不對勞動者提供公平、有效的對價補償，必然會剝奪勞動者的擇業自由權與生存發展權，是故，勞動者履行競業限制條款規定的義務，就有權獲得相應合理的補償金。沒有約定經濟補償金的競業限制條款對勞動者不具有約束力。

　　《國家科委關於加強科技人員流動中技術秘密管理的若干意見》（國科發政字〔1997〕317 號）規定，本單位違反競業限制條款，不支付或者無正當理由拖欠補償費的，競業限制條款自行終止。競業限制協議是對勞動者勞動權和自由擇業權的限制，其對勞動者的約束力始於勞動合同正常解除或終止後。如果由於用人單位的違法行為導致勞動合同被提前解除，其過錯不在勞動者，勞動者無須承擔競業限制義務。 ❿

　　總而言之，企業與員工約定競業限制的協議，必須限於高層管理人員或高級技術人員，且還必須針對協議支付相應的補償費用，否則競業限制的約定對於員工，在法律上不存在任何約束效果。

---

❿　全國人大常委會法制工作委員會編，《中華人民共和國勞動合同法釋義》，2007，北京：法律出版社，頁 77-82。

關於保密協議的規定

　　保密協議和競業限制協議是兩個不同的法律概念。保密協議是指用人單位針對知悉企業商業秘密的勞動者簽訂要求勞動者保守用人單位商業秘密的協議。保密協議應當以書面形式簽訂，一般應具備以下主要條款：㈠保密的內容和範圍；㈡保密協議雙方的權利和義務；㈢保密協議的期限；㈣違約責任。在保密協議有效期限內，勞動者應嚴格遵守本企業保密制度，防止洩漏企業技術秘密，不得向他人洩漏企業技術秘密，非經用人單位書面同意，不得使用該商業秘密進行生產與經營活動，不得利用商業秘密進行新的研究和開發。競業限制協議是指用人單位與勞動者約定在解除或者終止勞動合同後一定期限內，勞動者不得與本單位生產或經營同類產品、從事同類企業的有競爭關係的其他用人單位任職，或者自己開業生產或者經營同類產品的書面協議。競業限制是保密的手段，通過訂立競業限制協議，可以減少和限制商業秘密被洩漏的概率。保密是競業限制的目的，訂立競業限制協議最終的目的是保護用人單位的合法權益。

　　保密協議和競業限制協議有以下區別：㈠保密義務一般是法律的直接規定或勞動合同的隨附義務，不管用人單位與勞動者是否簽訂保密協議，勞動者均有義務保守商業秘密；㈡保密義務要求保密者不得洩漏商業秘密，側重的是不能「說」，競業限制義務要求勞動者不能到競爭單位任職或自營競爭業務，側重的是不能「做」；㈢保

密義務勞動者承擔的義務權限於保密，並不限制勞動者的就業權，而競業限制義務不僅僅限制勞動者洩密，還限制勞動者的就業，勞動者的負擔重很多；㈣保密義務一般期限較長，只要商業秘密存在，勞動者的保密義務就存在，而競業限制期限較短，最長不超過二年。

【案例】

　　大東自 2004 年 8 月任職於某公司擔任市場部經理，並與公司簽訂了一份《保密和競業限制協議》，在雙方協議約定中明定大東應當保守公司企業內部的商業機密，且也約定在勞動合同解除後的兩年內不得到有競爭關係的單位任職，若有違反相關規定，便須承擔違約金 2 萬元。另在公司員工手冊，明訂工資的內容包括基本工資、保密工資、加班工資、績效工資、各項津貼和補貼。所以根據大東的工資表，大東的月工資為：基本工資 1,500 元、保密工資 500 元、加班工資 800 元和績效工資 2,000 元。大東於 2005 年 7 月與公司解除勞動合同。該年同月大東受一家經營同類業務的公司高薪邀請，並接受就職擔任此公司行銷部副總乙職。因此某公司申請勞動仲裁，認為公司每月支付了保密費 500 元，大東應當承擔競業限制義務，要求大東支付違約金 2 萬元，並在兩年內不得到有競爭關係的單位任職。

　　仲裁庭認為，某公司與大東在《保密和競業限制協議》沒有公司須支付競業限制補償金的約定，公司雖每月支付大東保密費 500 元，但該費用是保密費而非競業限制補償金，某公司未支付大東競業限制期間的補償金，雙方的競業限制協議不具有法律效力，裁決駁回申訴人的仲裁請求。❶

【案例】

　　小汪是有利漆業有限公司的員工。2002 年 8 月 15 日，公司為了保護商業與技術秘密，要求小汪簽訂保密協議一份，小汪也為了能夠維護個人的合法權益，雙方同意簽訂此保密協議，來制止對企業、商業及技術秘密的侵犯行為。因此，該協議約定：公司向小汪支付相應的保密費，小汪負有對技術和商業秘密保密的義務，即不得將公司所擁有的技術秘密、商業秘密非法披露給第三人、轉讓給第三人或自行使用。同時，合同內還約定，小汪在離職後，未經公司同意，兩年內不得在本地區從事同行業工作。

　　後小汪於 2005 年 8 月辭職離開了公司。不久，有利漆業有限公司發現小汪違反保密合同的約定與他人合夥從事油漆生產和銷售工作。於是，有利漆業有限公司遂打電話要求小汪遵守保密協議，不得繼續從事油漆行業。但是，遭到了小汪的拒絕。為此，有利漆業有限公司向法庭提起訴訟，要求小汪支付違約金 2 萬元。

　　面對有利漆業有限公司的指控，小汪聲稱，公司並沒有支付他兩年內的保密費。自己不可能離開單位後，不從事其他工作，否則自己就沒有生活來源。小汪雖曾向法院提交了有利漆業有限公司於 2005 年 8 月 20 日所出具的證明，顯示雙方終止保密協議。但是，有利漆業有限公司認為小汪沒有在法庭舉證期限內提交該證據，庭審後提交證據不符合法律約定，因此，對於該證據，他們明確表示拒絕舉證。

　　地方法院審理後認為，雙方簽訂的保密協議係雙方當事人真實

---

❶　案例來源：李迎春，《勞動合同法——案例精解與應對策略》，北京：法律出版社，2007，頁 73-74。

的意思表示，並沒有違反相關法律和行政法規的禁止性規定，該協議合法有效。小汪在離開公司兩年內在本地區從事油漆塗料行業，違反了保密協議的約定。另關於小汪未在法律規定的舉證期限內所提交的證據無效，遂判決小汪向公司支付違約金 2 萬元。❷

【案例】

　　某公司與老王簽訂了一份勞動合同，聘請老王為公司行銷部經理，並收取了老王 2 萬元的「風險抵押金」。後來，老王於 2007 年 3 月份向公司提出辭職，並要求公司返還二萬元風險抵押金，公司稱此款不是風險抵押金，而是競業限制保證金，如果老王離開後在二年內不到與公司存在競爭關係的企業工作，公司將在二年後返還該保證金。因此，老王申請了勞動仲裁，勞動爭議仲裁委員會認為，用人單位與勞動者訂立勞動合同時，不得以任何形式向勞動者收取定金、保證金或抵押金，遂裁決公司一次性退還收取老王的所謂「風險抵押金」2 萬元。❸

「勞務合同」的違約金

　　勞動合同法所規範的「勞務合同」，其企業與員工間違約金的訂

❷　案例來源：中國法院網訊。

❸　案例來源：李迎春，《勞動合同法——案例精解與應對策略》，北京：法律出版社，2007，頁 29-32。

定有嚴格的限制，但企業與個人之間訂立的若是「勞務合同」，則違約金有不同的適用結果。許多爭議都來自於對「勞動合同」與「勞務合同」的認識不清而產生的，因此本文簡要區分兩者的差異，以茲辨明。

若以內容來看，勞動合同與勞務合同不同之處在於，勞動合同規定的是勞動者作為企業的一個成員，承擔一定的工作或職務，並遵守用人單位的內部勞動規則和其他規章制度；企業負責分配工作或職務，按照勞動者勞動的數量和品質支付勞動報酬，並根據大陸勞動法律、法規和雙方協定約定提供各種勞動條件、社會保障和福利待遇。依照「勞動法」的規定，勞動合同應當具備以下條款：勞動合同期限、工作內容、勞動保護和勞動條件、勞動報酬、勞動紀律、勞動合同終止條件、違反勞動合同的責任等必備條款。而勞務合同的內容規定的是一方提供勞務另一方給付報酬，是依雙方意願下所約定的，法律未作強制性規定。

從適用的法律規範來看，勞動合同適用大陸相關勞動法律，而勞務合同由大陸民事法律來規範。勞務合同在訂立和履行的過程中必須遵循民事主體地位平等的原則，而勞動合同中的勞動者在簽訂勞動合同時，遵循平等自願、協商一致的原則，雙方的法律地位平等。在勞動合同的履行過程中，勞動者必須進入企業，擔任一定的職務，服從企業或組織的行政領導和指揮，遵守勞動紀律，雙方存在隸屬關係。

從法律責任來看，企業違反勞動合同可能承擔行政責任、民事

責任甚至刑事責任。比如企業侮辱、體罰、毆打、非法搜查和拘禁勞動者的，由大陸公安機關對責任人員處以十五日以下拘留、罰款或者警告；構成犯罪的依法追究刑事責任。違反勞務合同一般只承擔民事賠償責任，而不涉及行政和刑事責任。

　　簡言之，企業與企業所屬的員工所訂定的通常是勞動合同，適用勞動法令的規範，而企業與企業之外的個人所訂立的通常為勞務合同。辨別的前提在於，若勞動者已進入企業工作，成為企業的一員，則企業就必須負起更大的責任與義務，否則就按大陸民法的雙方主體對等的原則履行契約。

【案例】

　　全球公司在 1995 年 8 月 1 日與吳大尊簽訂《外派漁工聘用合同》，雙方在合同中約定，聘用吳大尊至俄羅斯擔任船上漁工，其聘用期為二年。同日，全球公司與吳小尊（係吳大尊之兄）也簽訂了《擔保合同》，約定吳小尊對保證人吳大尊違反《外派漁工聘用合同》而給全球公司造成的全部經濟損失承擔連帶責任，並以價值 15,000 元的房屋進行了抵押。在《外派漁工聘用合同》簽訂後，雙方辦理了公證。1995 年 12 月 12 日，吳大尊被派往俄羅斯當漁工。

　　吳大尊於 1996 年 10 月 30 日離開漁船。全球公司遂向法院提起訴訟，要求吳大尊、吳小尊賠償給全球公司造成的經濟損失 2 萬餘元。吳大尊在訴訟中答辯稱，在履行勞務合同中因俄羅斯老闆對其虐待和強制勞動，人身權利不能保證才逃走的。

　　地方法院經審理後認為：原告與被告吳大尊簽訂的合同及與被

告吳小尊簽訂的擔保合同均是合法有效，法律應予保護。吳大尊在出國勞務期間不履行合同逃離漁船，是一種違約行為，因此造成的經濟損失應當由吳大尊賠償。吳小尊對吳大尊的擔保關係成立，並應當承擔擔保責任。判決吳大尊給付因其違約行為給原告造成的經濟損失，被告吳小尊承擔連帶責任。吳小尊對終審判決不服，向法院提出再審申請。

　　高等法院則認為，本案中吳大尊和吳小尊與全球公司之間無行政隸屬關係，因此兩人與全球公司應構成勞務合同關係，而非勞動合同關係，因此擔保關係有效，支持地方法院判決。❹

---

❹　案例來源：李迎春，《勞動合同法——案例精解與應對策略》，北京：法律出版社，2007，頁 29-32。

第 *6* 章

工時制度與工資管理

工時制度

大陸勞動法第三十六條明確規定了正常工時的計算基準,「國家實行勞動者每日工作時間不超過八小時、平均每週工作時間不超過四十四小時的工時制度」。若超過正常工作時間,企業必須符合「安排加班」的規定,並給予勞動者相應的薪資。企業若安排勞動者加班,依照勞動法的規定,必須提出充分的理由以證明「用人單位生產任務緊急,確實需要延長工作時間。生產經營需要主要是指生產任務緊急,必須連續生產、運輸或經營的」。否則依照勞動法第九十條的規定,「用人單位違反本法規定,延長勞動者工作時間的,由勞動行政部給予警告,責令改正,並可以處以罰款」。

因此,建議企業有安排員工加班的需要時,必須先與工會協商,經工會的同意。企業應把安排加班的理由、涉及人數、時間長短等情況向工會說明、徵得工會同意後,方可延長工作時間。如果工會不同意,不可以強令勞動者加班。

其次,企業必須與勞動者協商。用人單位決定安排勞動者加班者,應進一步與勞動者協商,因為加班需要占用勞動者的休息時間,如果勞動者不同意,不可以強迫其加班。值得注意的是,大陸多數

職工都希望以加班增加收入，在員工同意加班的情況下，建議企業務必保留員工同意的證據，例如要求員工提交加班申請書，以免日後造成勞動爭議。

再者，企業安排加班的時間，必須符合勞動法第四十一條的規定，「用人單位由於生產經營需要，經與工會和勞動者協商後可以延長工作時間，一般每日不得超過一小時；因特殊原因需要延長工作時間的，在保障勞動者身體健康的條件下延長工作時間每日不得超過三小時，但是每月不得超過三十六小時」。

最後，大陸法律特別允許某些例外情況，企業得以不需經過上述程序，而直接要求員工加班。如勞動法第四十二條規定，「有下列情形之一的，延長工作時間不受本法第四十一條的限制：㈠發生自然災害、事故或者因其他原因，威脅勞動者生命健康和財產安全，需要緊急處理的；㈡生產設備、交通運輸線路、公共設施發生故障，影響生產和公眾利益，必須及時搶修的；㈢法律、行政法規規定的其他情形」。大陸勞動部進一步指出，《關於貫徹執行「中華人民共和國勞動法」若干問題的意見》（勞部發〔1995〕309 號）第七十一條規定，協商是企業決定延長工作時間的程序，企業確因生產經營需要，必須延長工作時間時，應與工會和勞動者協商。協商後，企業可以在勞動法限定的延長工作時數內決定延長工作時間，對企業違反法律、法規強迫勞動者延長工作時間的，勞動者有權拒絕。若由此發生勞動爭議，可以提請勞動爭議處理機構予以處理。但有下列情形之一的，不受協商程序限制，用人單位要求勞動者加班的，

勞動者不能拒絕：

(1)發生自然災害、事故或者因其他原因，威脅勞動者生命健康和財產安全，需要緊急處理的；

(2)生產設備、交通運輸線路、公共設施發生故障，影響生產和公眾利益，必須及時搶修的；

(3)在法定節日❶和公休假日內工作不能間斷，必須連續生產、運輸或者營業的；

(4)必須利用法定節日或公休假日的停產期間進行設備檢修、保養的；

(5)為完成國防緊急任務的；

(6)為完成國家下達的其他緊急生產任務的；

(7)法律、行政法規規定的其他情形。

　　應特別注意的是，有部分員工是法律規定用人單位絕對不可以要求加班者，如禁止未成年工、懷孕女工和仍在哺乳未滿十二個月嬰兒的女職工在正常工作日以外加班。

　　另外，勞動合同法為防止用人單位以不合理的「按件計酬」方式造成勞動者變相加班，要求用人單位必須制定「科學合理的」勞

---

❶ 根據勞動法第四十條及 1999 年 9 月 18 日國務院修訂發布的「全國年節及紀念日放假辦法」的規定，用人單位在下列節日期間應當依法安排勞動者休假：㈠元旦（1 月 1 日）；㈡春節（農曆正月 3 天）；㈢勞動節（5 月 1、2、3 日）；㈣國慶日（10 月 1、2、3 日）。共十天。蕭新永，〈加班時間與勞動法不符可以規定在勞動合同條文裡面嗎?〉，臺商經貿網，2008。

動定額標準以維護勞動者的合法權益，換言之，根據勞動法和有關行政法規的規定，對實行計件工作的勞動者，用人單位應根據每日八小時、每週四十小時的標準，計算勞動定額和計件報酬標準，具體來說，勞動者每日工作量，應當以多數勞動者在正常工作情況下，能在每天工作八小時、每週四十小時的法定工作時間以內完成的。超過這一個標準，則應認定為不合理的勞動定額標準。

同時，為了避免用人單位任意調整勞動定額管理的標準，規定用人單位在制定、修改或者決定勞動定額標準管理制度時，應當經職工代表大會或全體職工討論，提出方案和意見，與工會或職工代表平等協商確定。在勞動定額標準實施過程中，工會或職工認為用人單位的勞動定額標準不適當者，有權向用人單位提出，通過協商做出完善的修改。❷

如果企業有超時加班的行為，顯然不符合勞動法與勞動合同法的規定及地方勞動規章規定的條款，更不能以此違反法律的行為列為勞動合同的條文內容。但若企業因季節性的生產需要，必須集中在某一段時段內生產的話，可向當地勞動局申請以週、月、季、年為週期的「綜合計算工時工作制」，採取集中工作、集中休息、輪休調休的方式使工作順利進行之，但其平均日工作時間與平均週工作時間應與法定標準工作時間基本相同。

如果企業將超時加班列入勞動合同的內容，則為無效的條款，

❷　全國人大常委會法制工作委員會編，《中華人民共和國勞動合同法釋義》，
　　2007，北京：法律出版社，頁 106–113。

按勞動合同法第二十六條規定，下列勞動合同無效或者部分無效，第一，以欺詐、脅迫的手段或者乘人之危，使對方在違背真實意思的情況下訂立或者變更勞動合同的；第二，用人單位免除自己的法定責任、排除勞動者權利的；第三，違反法律、行政法規強制性規定的。而且無效的條款，自始至終都是無法律效力的。勞動合同部分無效的，如果不影響其餘部分的效率，其餘部分仍然有效的。因此將超時加班列入勞動合同約定條款是違法的行為，而且不但不能載入勞動合同條文裡面，也不能夠載入內部管理規章或員工手冊裡面。❸

【案例】

　　小林於某商場上班，工作時間每日 6.5 小時，一週上班六天，合計每週 39 小時。然而，公司《勞動管理制度》關於工作時間規定，員工以完成工作任務為原則，每週工作 40 小時，每天工作不足 8 小時，或每週工作不足 40 小時的，週工作日調整為六天予以補足。後小林於 2006 年 8 月 3 日被公司以不能勝任工作為由解雇。小林因此申請勞動仲裁，要求公司支付經濟補償金，以及在職期間的週六加班費。仲裁委員會認為，小林雖每週工作時間為六天，但是每日工作僅 6.5 小時，一週共計才工作 39 小時，尚不足《聘用合同》所約定的工作小時數，也未超過法定週工作小時數，駁回了小林要求支付加班費的請求。

---

❸　蕭新永，〈加班時間與勞動法不符可以規定在勞動合同條文裡面嗎?〉，臺商經貿網，2008。

工資制度

在中國大陸企業支付給勞動者的全部報酬通常包括三種形式：一是貨幣工資，用人單位以貨幣形式直接支付給勞動者的各種工資、獎金、津貼、補貼等；二是實物報酬，即用人單位以免費或低於成本價提供給勞動者的各種物品和服務等；三是社會保險，指用人單位為勞動者直接向政府和保險部門支付的失業、養老、人身、醫療、家庭財產等保險金。

勞動合同法第三十條規定，「用人單位應當按照勞動合同約定和國家規定，向勞動者及時足額支付勞動報酬。用人單位拖欠或者未足額支付勞動報酬的，勞動者可以依法向當地人民法院申請支付令，人民法院應當依法發出支付令」。

勞動法中的工資是指用人單位根據國家有關規定或者勞動合同的約定，以貨幣形式直接支付給本單位勞動者的勞動報酬，根據大陸國家統計局 1990 年發布的「關於工資總額組成的規定」，一般包括計時工資、計件工資、獎金、津貼和補貼、延長工作時間的工資報酬以及特殊情況下支付的工資等。其中，計時工資是指按計時工資標準（包含地區生活費補貼），以及工作時間支付給個人的勞動報酬。計件工資是指對已做工作按計件單價支付的勞動報酬。獎金是指支付給勞動者的超額勞動報酬和增收雜支的勞動報酬。津貼和補貼是指為了補償勞動者特殊或者額外的勞動消耗和因其他特殊原因支付給勞動者的津貼，以及為了保證勞動者工資水平不受物價變化

影響支付給勞動者的各種補貼。延長工作時間的勞動報酬是指勞動者在法定的標準工作時間以外超時勞動所獲得的額外的勞動報酬，即加班費。特殊情況下支付的工資主要包括根據國家法律、法規和政策規定，在病假、事假和一些特殊休假期間及停工學習、執行國家或者社會義務時支付的工資和附加工資、保留工資。

根據勞動部《關於貫徹執行「中華人民共和國勞動法」若干問題的意見》的規定，工資是勞動者勞動收入的主要組成部分。但勞動者的以下勞動收入不屬於工資的範圍：㈠單位支付給勞動者個人的社會保險福利費用，如喪葬撫恤救濟費、生活困難補助費、計畫生育補貼等；㈡勞動保護方面的費用，如用人單位支付給勞動者的工作服、解毒劑、清涼飲料等費用等；㈢按規定未列入工資總額的各種勞動報酬及其他勞動收入，如根據國家規定發放的創造發明獎、國家星火獎、自然科學獎、科學技術進步獎、合理化建議和技術改進獎、中華技能大獎等，以及稿費、講課費、翻譯費等。

在一些特殊情況下，勞動者也應取得工資支付。所謂特殊情況下的工資支付，是指在非正常情況下或者暫時離開工作崗位時，按照國家法律，法規規定的對勞動者的工資支付。這些特殊情況主要包括：

⑴勞動者依法參加社會活動期間的工資支付。比如勞動者在法定工作時間內參加鄉（鎮）、區以上政府、黨派、工會、共青團、婦聯等組織召開的會議；依法行使選舉權與被選舉權；出席勞動模範、

先進工作者大會等。

(2)非因勞動者原因停工期間的工資支付。非因勞動者原因造成用人單位停工、停產在一個工資支付週期內，用人單位應按勞動合同規定的標準支付勞動者工資。超過一個工資支付週期的，若勞動者提供了正常勞動，則支付勞動者的勞動報酬不得低於當地最低工資標準；若勞動者沒有提供正常勞動，則當按照國家有關規定辦理。

(3)勞動者休假期間的工資支付。勞動者依法享受年休假期間，用人單位應按勞動合同規定的標準支付勞動者工資。

(4)勞動者在法定休假日的工資支付。法定休假日，用人單位應當支付勞動者工資。

(5)勞動者在享受探親假期間的工資支付。勞動者在國家的規定探親休假期間內探親的，用人單位應按勞動合同規定的標準支付勞動者工資。

(6)婚喪假期間的工資支付。婚喪假是指勞動者本人結婚假期，或者直系親屬死亡的喪事假期。一般為一至三天，不在一地的，可根據路程遠近給予路程假。在此期間工資照發。

(7)產假期間的工資支付。為了鼓勵計畫生育，有關法律法規對產假期間的工資發放也做相應規定。

　　勞動法為了保護勞動者特別是農民工的合法權益，將支付令制度引入了欠薪案件中，賦予勞動者快捷進入司法救濟途徑程序的途

徑。換言之，根據勞動法和民事訴訟法的有關規定，用人單位拖欠或者未足額支付勞動報酬的，勞動者與用人單位之間沒有其他債務糾紛且支付令能夠送達用人單位的，勞動者可以向有管轄權的基層人民法院申請支付令。

勞動者提出申請後，人民法院應當在五日內通知其是否受理；人民法院受理申請後，經審查勞動者提供的事實、證據，對工資債權債務關係明確、合法的，應當在受理之日起十五日內向用人單位發出支付令；人民法院經審查認為勞動者的申請不成立的，可以裁定予以駁回；用人單位應當自收到支付令之日起十五日內清償債務，或者向人民法院提出書面異議；用人單位在前款規定的期間不提出異議又不履行支付令的，勞動者可以向人民法院申請強制執行；人民法院收到用人單位提出的書面異議後，應當裁定終結支付令這一督促程序，支付令自行失效，勞動者可以依據有關法律的規定提出調解、仲裁或者起訴。❹

關於加班費的部分，勞動合同法第三十一條，「用人單位應當嚴格執行勞動定額標準，不得強迫或者變相強迫勞動者加班。用人單位安排加班的，應當按照國家有關規定向勞動者支付加班費」。換言之，企業支付高於正常工作時間的加班加點工資是有一定前提的，即必須是「用人單位根據實際需要安排勞動者在法定標準工作時間以外工作的」。因此，必須是企業「安排加班」者，方須給予加班費，

❹ 全國人大常委會法制工作委員會編，《中華人民共和國勞動合同法釋義》，2007，北京：法律出版社，頁 99–105。

員工如係未經企業安排而自願加班的，企業依法可以拒絕發給加班工資。

　　為杜絕員工因工作無效率等原因而隨意自動加班，進而要求發給加班費，導致無謂爭議，建議可於規章制度中明文規定加班審批制度，即加班應填寫申請單，並經單位主管批准後，始得為之，否則不予支付加班加點費用。如是，對於未提出申請的加班不支付加班費，將更加合理合法而有據。但應注意的是，依新頒布的勞動合同法，於制定此類涉及員工切身利益的規章制度時，應當經職工代表大會或者全體職工討論，提出方案和意見，與工會或者職工代表平等協商確定後，加以公告，始合法生效。惟有經此程序制定的規章制度，於日後勞資雙方發生爭議時，始得作為爭訟解決部門審理依據❺。

　　加班費的支付標準，依照不同的加班時間而異。勞動法第四十四條規定，有下列情形之一的，用人單位應當按照下列標準支付高於勞動者正常工作時間的工資報酬：㈠安排勞動者延長工作時間的，支付不低於工資的 150% 的工資報酬；㈡休息日安排勞動者工作又不能安排補休的，支付不低於工資的 200% 的工資報酬；㈢法定休假日安排勞動者工作的，支付不低於工資的 300% 的工資報酬。

　　因此按勞動法對加班的規定是一天不得超過 3 小時，一個月不能超過 36 小時。加班工資的計算方式：㈠平日加班工資（月標準工資 ÷ 20.92 天 ÷ 8 小時 × 150%）；㈡星期休息日加班工資（月標準工

❺　曾文雄，〈加班未經批准，可以不給加班費?〉，臺商經貿網，2008。

資÷20.92 天÷8 小時×200%）；㈢法定休假節日加班工資（月標準工資÷20.92 天÷8 小時×300%）；除了休息日加班可以選擇申領加班費或申請補休外，其餘加班應支付加班費。

總而言之，建議企業應把握以下原則，平時工作日八小時外安排勞動者加班的，不能以補休代替加班費，法定節假日安排勞動者加班的，應當支付加班費，不能安排補休。休息日（一般為週六、週日）安排勞動者加班的，首先應當安排補休，不能補休的，支付加班費。❻

最低工資保障

中國大陸參考各國勞動法令皆有最低工資的保障，故而在勞動合同法中，也規定企業支付給員工的薪資，包括勞動報酬、加班費或者經濟補償等，都不應低於當地最低工資標準。如勞動合同法第八十五條指出，用人單位有下列情形之一的，由勞動行政部門責令限期支付勞動報酬、加班費或者經濟補償；勞動報酬低於當地最低工資標準的，應當支付其差額部分；逾期不支付的，責令用人單位按應付金額 50% 以上 100% 以下的標準向勞動者加付賠償金：

(1)未按照勞動合同的約定或者國家規定及時足額支付勞動者勞動報酬的；

---

❻　蕭新永，〈加班時間與勞動法不符可以規定在勞動合同條文裡面嗎?〉，臺商經貿網，2008。

⑵低於當地最低工資標準支付勞動者工資的；

⑶安排加班不支付加班費的；

⑷解除或終止勞動合同，未依照本法規定向勞動者支付經濟補償的。

　　此外，若企業對員工進行扣薪，也必須符合最低工資保障的原則。根據「工資支付暫行規定」第十六條規定，「因勞動者本人原因給用人單位造成經濟損失的，用人單位可按照勞動合同的約定要求其賠償經濟損失。經濟損失的賠償，可從勞動者本人的工資中扣除。但每月扣除的部分不得超過勞動者當月工資的 20%。若扣除後的剩餘工資部分低於當地月最低工資標準，則按最低工資標準支付。」

　　由於中國大陸各地生活水準差異較大，因此最低工資的標準，乃是依照當地政府所公布的數字為準，不同地區的企業會產生不同的勞動力成本，故而各主要城市的最低工資水準，也是影響外資進行投資策略的重要考量。

第 7 章

職工的福利、社會保險與經濟性補償

休假及請假制度

中國大陸實施週休一日，❶另有共計十天的國定假日，包括元旦、春節、國際勞動節、國慶日、法律及法規規定的其他休假節日等。若企業因產業性質，例如以週末假日為主的服務業，而無法於週末休假者，可以依照勞動法第三十九條「經勞動行政部門批准，可以實行其他工作和休息辦法」。此外，當「勞動者連續工作一年以上的，享受帶薪年休假。具體辦法由國務院規定」。除了法定休假日及婚喪假之外，若勞動者「依法參加社會活動」，企業也都必須支付工資。

社會保險

中國大陸的社會養老保險分為個人帳戶和社會統籌帳戶兩個部分，若按照各地方的規定，社會統籌帳戶不得跨省，甚至有些地方規定不能跨市、跨縣轉移，因此當勞動者跨地區工作時，用人單位所繳納的社會統籌部分，既不能移轉也不能提取，若該勞動者不在該地區工作，最終也無法享受到社會養老保險的待遇，是故在實務上，有很

❶　勞動法第三十八條，「用人單位應當保證勞動者每週至少休息一日」。

多勞動者會要求用人單位，將應繳納的社會保險費直接發放。

　　雖然勞動合同法第四十九條規定，「國家採取措施，建立健全勞動者社會保險關係跨地區轉移接續制度」，但是由於社會保險制度非常複雜，必須依賴中央統籌安排，因此勞動合同法只是原則性的規定。❷

　　社會保險的範圍包括勞動法第七十三條所規定的情形：㈠退休；㈡患病、負傷；㈢因工傷殘或者患職業病；㈣失業；㈤生育。勞動者死亡後，其遺屬依法享受遺屬津貼。勞動者享受社會保險待遇的條件和標準由法律、法規規定。勞動者享受的社會保險金必須按時足額支付。

【案例】

　　2004 年 3 月，秦某被某公司錄取，公司通知他於 3 月 15 日報到上班，同時告知秦某試用期為三個月，在試用合格後始簽訂勞動合同，並辦理社會保險。秦某在工作兩個月時，意外發現單位同期錄取的另外十四名員工皆未簽訂勞動合同及辦理社會保險，於是向勞動保障監察機構舉報單位違法行為。勞動保障監察機構受理該舉報後，即時向該單位勞資負責人調查了解情況，調閱單位員工名冊、工資表、勞動合同和社會保險登記及繳納資料，發現情況屬實。基於以上事實，勞動保障監察機構根據法律法規之規定，對該公司下達《勞動保障監察限期改正指令書》，責令該公司在七天內與該十五

---

❷　全國人大常委會法制工作委員會編，《中華人民共和國勞動合同法釋義》，2007，北京：法律出版社，頁 186。

名員工補簽勞動合同，為他們辦理社會保險，並對公司關於勞動和
試用期約定條款進行特別政策指導。三天後該公司與十五名新工簽
訂了勞動合同，並為他們補辦了兩個月的社會保險。❸

【案例】

　　康先生與某公司簽訂了勞動合同一份，約定合同期間為七個月，
前三個月為試用期；並約定每月基本工資加職位津貼合計 3,000 元。
在三個月的工作試用期間，公司每個月給康先生發 2,500 元，從第
四個月開始，每個月發 3,000 元。合同期滿後，康先生與公司終結
勞動關係，他發現公司是按繳費基數 2,000 元的標準為他繳付前六
個月的社保金。於是申請勞動仲裁，要求公司按繳費基數 3,000 的
標準為他補繳社保金 2,793.60 元，這一要求獲得了勞動仲裁機構的
支持。該公司不服該仲裁決定，訴請法院要求按繳費基數 2,500 元
的標準為康先生補繳前六個月期間少繳的社保金。

　　康先生辯稱，雙方沒有約定過試用期工資為 2,500 元，根據勞
動合同，雙方約定勞動合同期間工資均為 3,000 元，所以公司應按
繳費基數 3,000 元支付他社保金，故不同意公司的訴訟請求，要求
按仲裁裁決履行。

　　法院認為，雙方當事人在勞動合同中約定合同期限不滿一年，
但約定了三個月的試用期，不符合有關規定，故試用期應為一個月；
因雙方在勞動合同中未約定試用期工資，僅明確約定了康先生每月

---

❸　案例來源：李迎春，《勞動合同法──案例精解與應對策略》，北京：法律
　　出版社，2007，頁 65。

的基本工資 700 元、職位津貼 2,300 元；公司不能提供相應證據證明應聘人員關於試用期工資的內容係雙方當事人合意形成，故公司主張前六個月應按繳費基數 2,500 元為康先生繳納社會保險金的理由，法院難以採信。因此，法院判決駁回公司的訴訟請求，公司應為康先生補繳前六個月少繳的社保金。❹

其他勞動者的權利

實務上，很多企業為了保留調整員工職務調動的彈性，往往會在勞動合同中作出下述約定，如「用人單位有權根據生產經營變化及勞動者的工作情況調整其工作崗位，勞動者必須服從單位的安排」等，這其實是不符合勞動法令規定的。根據勞動合同法第二十六條，「用人單位免除自己的法定責任、排除勞動者權利的，勞動合同無效或者部分無效。」廣義來說，員工職務的調動，亦是屬於勞動合同的變更，依照勞動合同變更必須雙方協商一致的原則，若用人單位在未與勞動者協商的情況下，單方面變更勞動者的職務，將被立法者認定為剝奪了勞動者的權利，而形成無效條款。

---

❹　案例來源：中國法院網訊。

【案例】

　　小吳於 2006 年 5 月 8 日入職某電子公司，與公司簽訂了為期二年的勞動合同。合同中約定小吳擔任銷售部經理，還約定「用人單位有權根據生產經營及勞動者的各種情況調整其工作崗位，勞動者必須服從」。2007 年 5 月，公司通知小吳，由於公司的銷售政策的調整，公司決定調派小吳擔任生產部領班，且工資待遇降低為領班的待遇，小吳不同意，認為，在沒有雙方協商一致的情況下，公司即擅自變更職位，違反了勞動合同的規定，公司無非是想逼迫自己辭職。公司認為，勞動合同中明確約定了「用人單位有權根據生產經營及勞動者的各種情況調整其工作崗位，勞動者必須服從」，公司根據合同的約定，有權調整小吳的工作崗位，不須小吳的同意。小吳經與公司多次交涉均無結果，於是向勞動爭議仲裁委員會提出申請仲裁，要求恢復原工作職位及工資待遇。

　　勞動爭議仲裁委員會經過審理後認為，雙方在勞動合同中約定「用人單位有權根據生產經營及勞動者的各種情況調整其工作崗位，勞動者必須服從」，損害了勞動者的合法權益，所以，勞動仲裁委依法做出裁決，企業應當恢復小吳原工作職位，享受原工資待遇。❺

經濟補償的規定

　　所謂的經濟補償，根據立法者的用意，一部分是作為「補償」

---

❺　案例來源：李迎春，《勞動合同法——案例精解與應對策略》，北京：法律出版社，2007，頁 82-83。

勞動者在工作期間對於企業所做的貢獻，一部分則是為了透過經濟補償的機制，使企業傾向於不終止勞動合同且盡量維持長期穩定的勞動關係。然而，勞動合同法對於企業應當支付經濟補償的範圍，相較於勞動法更加擴大。

按照勞動合同法第四十六條，有下列情形之一的，用人單位應當向勞動者支付經濟補償：

(1)勞動者依照本法第三十八條規定解除勞動合同的；

(2)用人單位依照本法第三十六條規定向勞動者提出解除勞動合同並與勞動者協商一致解除勞動合同的；

(3)用人單位依照本法第四十條規定解除勞動合同的；

(4)用人單位依照本法第四十一條第一款規定解除勞動合同的；

(5)除用人單位維持或者提高勞動合同約定條件續訂勞動合同，勞動者不同意續訂的情形外，依照本法第四十四條第一項規定終止固定期限勞動合同的；

(6)依照本法第四十四條第四項、第五項規定終止勞動合同的；

(7)法律、行政法規規定的其他情形。

詳言之，企業在以下情況需支付經濟補償：

(1)用人單位有違法行為，勞動者解除勞動合同；

(2)雙方協議一致解除勞動合同，且由用人單位提議解除的；

(3)勞動者患病或者非因工負傷，在規定的醫療期滿後不能從事原工

作也不能從事由用人單位另行安排的工作的；

(4)勞動者不能勝任工作，經過培訓或者調整工作崗位，仍不能勝任
工作的；

(5)勞動合同訂立時所依據的客觀情況發生重大變化，致使勞動合同
無法履行，經用人單位與勞動者協商，未能就變更勞動合同內容
達成協議的，用人單位可以在提前三十日通知或者額外支付一個
月工資後，解除勞動合同；

(6)經濟性裁員；

(7)固定勞動合同期滿而終止時（但用人單位維持或提高條件續訂合
同，而勞動者不願續訂的情形除外）；

(8)用人單位被依法宣告破產、吊銷營業執照、責令關閉、撤銷或用
人單位決定提前解散的；

(9)其他法律法規所規定的情形。

　　關於經濟補償的年限計算，規定在勞動合同法第四十七條，即
經濟補償按勞動者在本單位工作的年限，每滿一年支付一個月工資
的標準向勞動者支付。六個月以上不滿一年的，按一年計算；不滿
六個月的，向勞動者支付半個月工資的經濟補償。勞動者月工資高
於用人單位所在直轄市、設區的市級人民政府公布的本地區上年度
職工月平均工資三倍的，向其支付經濟補償的標準，按職工月平均
工資三倍的數額支付,向其支付經濟補償的年限最高不超過十二年。
本條所稱月工資是指勞動者在勞動合同解除或者終止前十二個月的

平均工資。

　　最後，關於經濟補償支付的時間點，則是按照勞動合同法第五十條規定，「用人單位依照本法有關規定應當向勞動者支付經濟補償的，在辦結工作交接時支付」，因此當員工在完成交接之後，企業應當立即支付其經濟補償金。

【案例】

　　溫某於 1994 年 9 月調入某公司工作，公司為其辦理了錄用手續。溫某與公司簽訂了從 1994 年 9 月至 1999 年 9 月為期五年的勞動合同。1999 年 9 月，溫某合同期滿。公司通知溫某續簽勞動合同，溫某表示不願續簽。於是，雙方終止勞動關係，公司為溫某辦理了離職手續。由於溫某簽訂勞動合同的時間為 1994 年 9 月，根據有關規定，公司應按其在本公司服務的年資，每滿一年，支付相當於一個月薪資的經濟補償金。因此，公司在辦理離職手續的同時，向溫某支付了五個月薪資的經濟補償金。溫某對此不滿，認為其在調入該公司前，在原工作單位已有七年年資，公司應再支付七個月工資的經濟補償金。雙方發生爭議。溫某遂申訴至勞動爭議仲裁委員會。

　　在勞動爭議仲裁委員會庭審中，溫某堅持認為，他是由調入公司而非從社會上招聘，其工齡應連續計算。公司則認為，溫某當時確屬調入本公司。因本公司係外商投資企業，根據有關規定，溫某進入公司時辦理了有關錄用手續。按照相關法律法規規定，調動職工同一用人單位連續工作時間或本單位工作年資，原則上從調入單位之日起算。同時，溫某也非原中方投資單位推薦職工，公司按其在公司服務年限，支付五個月經濟補償金並無不當。勞動爭議仲裁

委員會裁決，對溫某要求公司再支付七個月經濟補償金的請求不予
支持。

【案例】

　　連小姐 1999 年 10 月到某資訊技術有限公司工作，並簽訂了一
年期的勞動合同。雙方在勞動合同中約定，連小姐任公司副總經理，
每月稅後薪水為 2 萬元。勞動合同期滿後，雙方於 2000 年 10 月 10
日又續簽一年。2001 年 3 月 5 日，公司召開全體人員會議，宣布因
投資方向改變的原因，這家公司即將關閉，並對公司關閉期間的有
關事項進行了安排。當天下午，公司人事部向公司員工貼出了關於
辦理離職手續的時間、領取補償金金額等事項的通知。該公司總經
理也於當天口頭提出了與連小姐解除勞動合同的事宜，連小姐經過
考慮，同意與公司解除勞動合同。第二天，連小姐即按照總經理的
安排開始交接工作。但因患急性胃病，連小姐在交接了部分主要工
作後，不得不到醫院急診，並隨後向公司請了一週病假。一週之後，
連小姐病癒回到公司繼續交接工作，並準備按規定領取解除合同的
經濟補償金時，卻被公司告知，她屬於自行辭職，公司將不向其發
放經濟補償金。在多次與公司協商，均沒有結果的情況下，連小姐
便向勞動爭議仲裁委員會提出了仲裁申請，要求公司依法支付經濟
補償金 4 萬元。

　　仲裁中，該資訊技術有限公司辯稱：公司從未提出與連小姐解
除勞動關係，相反連小姐在 2001 年 3 月 8 日向公司提交了病休一
週的假條後便再未到單位上班，並委託律師於 2001 年 3 月 14 日前

往公司辦理離職交接手續，因此是連小姐主動與公司解除了勞動關係，公司無需向其支付任何補償。然而，仲裁委經過調查取證後裁決，該公司在公司同意下進行工作交接，經雙方同意解除勞動合同屬實，故該公司應支付連小姐解除勞動合同經濟補償金 4 萬元。❻

---

❻　案例來源：中國法院網訊。

第 *8* 章

勞務派遣與非全日制用工

勞務派遣

勞務派遣在臺灣通常稱為人力派遣，近年來在中國大陸快速興起，其主要是企業內部的人力資源需求是透過外部的人力派遣公司所提供的人力來滿足。人力派遣公司在大陸稱為「派遣機構」，勞動者通常隸屬於派遣機構，但實際上是為一般企業工作或服務，因此形成了「有關係沒勞動，有勞動沒關係」❶的情況。

勞務派遣的用工形式受到企業歡迎的原因，主要為成本的降低，包括人力資源的管理成本、稅收成本、解約成本等，企業使用勞務派遣工，除了支付工資與社會保險費之外，只需支付給勞務派遣單位管理費，❷而且企業透過勞務派遣費用的支出，可以達到節稅的效果。勞務派遣工並不隸屬於本企業員工，因此企業不需負擔解除勞動合同時所給付的經濟補償。其次，由於勞務派遣的人力對企業具有彈性勞動力的效果，因此部分產業的人力需求受到季節性波動

---

❶ 全國人大常委會法制工作委員會編，《中華人民共和國勞動合同法釋義》，2007，北京：法律出版社，頁 210。

❷ 全國人大常委會法制工作委員會編，《中華人民共和國勞動合同法釋義》，2007，北京：法律出版社，頁 210。

的影響，勞務派遣工可以支援短期勞動力的需求，減少企業內部員工加班的情況。第三，就大陸國有企業而言，為了達到減員增效的指標，必須仰賴外部人力完成內部績效目標。第四，透過勞務派遣，企業可以將內部生產力集中於核心價值創造，其餘輔助性的工作交由外部勞動力完成。

　　然而，在實務上勞務派遣卻經常出現一些勞動爭議，首先是勞務派遣單位與企業有時同時迴避勞動者的權益，勞動者往往不了解哪一方應負責。例如派遣機構應向勞動者支付工資、社會保險、處理勞動爭議、檔案管理等事務，但實際上存在派遣機構不為勞動者繳納社會保險費的情況，多數勞動者也不知道責任歸屬何方。其次，勞務派遣機構良莠不齊，許多小型派遣機構在勞動爭議發生時，往往因為無力承擔而總是設法逃避，對於企業與勞動者都有很大的潛在風險。第三，違背同工同酬的精神。勞務派遣工的薪資往往遠低於企業內部員工。第四，勞動者應隸屬於勞務派遣機構，但一般而言勞務派遣機構不與勞動者簽訂勞動合同，或者合同內容過於簡略的情形所在多有。甚至，部分企業更將內部企業員工轉至勞動派遣公司，脫離勞動關係卻繼續得到相同員工的勞動與服務。員工在被不明所以的情況下更換勞動合同的「雇主」，還以為繼續留在原單位工作，與誰簽訂勞動合同都無所謂，結果導致員工合法權益受損。❸

　　針對勞務派遣在實務上經常出現的問題，勞動合同法進行了較

---

❸　王麗芳，〈勞動合同法視野下的勞務派遣〉，《中國就業》，2007 年 11 期，頁 51-52。

完善的規定。

(一)勞務派遣單位的註冊資本

勞動合同法第五十七條明確規定,「勞務派遣單位應當依照公司法的有關規定設立,註冊資本不得少於五十萬元」。這有助於解決勞務派遣機構良莠不齊的問題。

(二)明確規定勞動合同所應包括的內容

勞動合同法明確規定勞務派遣單位與被派遣勞動者訂立的勞動合同應當包括的內容,這些內容是勞動合同的必備條款,有利於避免勞動糾紛產生時對雙方權利義務不明確。這些必備內容包括:用人單位(勞務派遣單位)的名稱、住所、法定代表人或主要負責人;勞動者的姓名、住址、居民身分證或其他有效身分證件號碼;勞動合同期限;工作時間和休息休假;勞動報酬;社會保險;勞動保護、勞動條件;職業危害防護,除了這些條款外,法律特別強調應載明被派遣勞動者的用工單位、派遣期限、工作崗位等情況。如果勞務派遣單位提供的勞動合同未載明這些必備條款,由勞動行政部門責令改正,給勞動者造成損失的,應當承擔賠償責任。❹

---

❹ 勞動合同法第五十九條規定,勞務派遣單位派遣勞動者應當與接受以勞務派遣形式用工的單位(以下稱用工單位)訂立勞務派遣協定。勞務派遣協議應當約定派遣崗位和人員數量、派遣期限、勞動報酬和社會保險費的數額與支付方式以及違反協定的責任。用工單位應當根據工作崗位的實際需

㈢勞動合同的期限

　　勞動合同期限是勞動合同的必備條款，雖然法律尊重雙方的自主權，但為保護勞動者的權利，法律對勞動合同的期限做最短時間的限制，即第五十八條第二款的規定，勞務派遣單位應當與被派遣勞動者訂立二年以上的固定期限勞動合同。

㈣同工同酬的權利

　　同工不同酬的現象在勞務派遣實際中大量存在，為了保護勞動者平等權利的實現，勞動合同法特別規定被派遣勞動者享有與用工單位的勞動者同工同酬的權利，還規定勞務派遣單位跨地區派遣勞動者的，被派遣勞動者享有的勞動報酬和勞動條件，按照用工單位所在地的標準執行。❺

　　勞動者的工資應由勞務派遣單位支付，對於非工資的部分，如加班費、績效獎金、與工作崗位有關的福利待遇等，則由用人單位直接支付。為了保障勞動者在無工作期間的生活，法律特別規定勞動者在無工作期間，勞務派遣單位應當按照所在地人民政府規定的

　　要與勞務派遣單位確定派遣期限，不得將連續用工期限分割訂立數個短期勞務派遣協議。

❺　勞動合同法第六十三條規定，被派遣勞動者享有與用工單位的勞動者同工同酬的權利。用工單位無同類崗位勞動者的，參照用工單位所在地相同或者相近崗位勞動者的勞動報酬確定。

最低工資標準，向其按月支付報酬。

(五)參加或組織工作的權利

勞動合同法第六十四條規定了被派遣勞動者享有組織或參加工會的權利，勞動者可以在勞務派遣單位或用工單位組織或參加工會。彌補過去勞務派遣者所喪失的參與工會的權利。❻

(六)解除勞動合同的情形

很多用人單位使用派遣工是為了規避法律責任，由於企業解聘勞務派遣工相對於企業內部員工更為容易，且無需負擔經濟補償金的成本，因此勞動合同法為了保護勞動者的合法權益，規定在出現八種法定情形時，用工單位可以將勞動者退回勞務派遣單位，勞務派遣單位也可以基於用工單位退回派遣勞動者的法定理由而與勞動者解除勞動合同。

但以兩種情形，即：勞動者患病或非因工負傷，在規定的醫療期滿後不能從事原工作，也不能從事用人單位另行安排的工作；勞動者不能勝任工作，經培訓或者調整工作崗位，仍不能勝任工作的，在這兩種情形下，勞務派遣單位須提前三十日以書面形式通知勞動者本人或額外支付勞動者一個月的工資，並應支付經濟補償金。除了這八種法定情形外，用工單位也可以基於其他法定或約定的理由

---

❻ 勞動合同法第六十四條被派遣勞動者有權在勞務派遣單位或者用工單位依法參加或者組織工會，維護自身的合法權益。

將勞動者退回勞務派遣單位，但勞務派遣單位不可以以此為由，與勞動者解除勞動合同，也就是說，勞務派遣單位還需要履行勞動合同至雙方約定的合同期限屆滿（兩年以上）。❼

(七)勞務派遣單位與用人單位的連帶賠償責任

為了督促勞務派遣單位對用人單位的勞動條件、勞動時間、勞動保護等事項的監督，法律規定給被派遣勞動者造成的損害，勞務派遣單位與用工單位承擔連帶賠償責任。❽

---

❼　勞動合同法第五十八條規定，勞務派遣單位是本法所稱用人單位，應當履行用人單位對勞動者的義務。勞務派遣單位與被派遣勞動者訂立的勞動合同，除應當載明本法第十七條規定的事項外，還應當載明被派遣勞動者的用工單位以及派遣期限、工作崗位等情況。勞務派遣單位應當與被派遣勞動者訂立二年以上的固定期限勞動合同，按月支付勞動報酬；被派遣勞動者在無工作期間，勞務派遣單位應當按照所在地人民政府規定的最低工資標準，向其按月支付報酬。第五十九條勞務派遣單位派遣勞動者應當與接受以勞務派遣形式用工的單位（以下稱用工單位）訂立勞務派遣協定。勞務派遣協議應當約定派遣崗位和人員數量、派遣期限、勞動報酬和社會保險費的數額與支付方式以及違反協定的責任。用工單位應當根據工作崗位的實際需要與勞務派遣單位確定派遣期限，不得將連續用工期限分割訂立數個短期勞務派遣協議。

❽　勞動合同法第九十二條規定，勞務派遣單位違反本法規定的，由勞動行政部門和其他有關主管部門責令改正；情節嚴重的，以每人一千元以上五千元以下的標準處以罰款，並由工商行政管理部門吊銷營業執照；給被派遣

　　㈧勞務派遣的崗位

　　勞動合同法第六十九條規定，勞務派遣一般在暫時性、補助性或者替代性的工作崗位上實施。該條規定對勞務派遣的範圍做出了限制。在勞動合同法實施之前，勞務派遣有日趨濫用之勢，在很多崗位上頻頻使用，增加了就業穩定的風險。綜觀國際，各國普遍對勞務派遣的範圍予以限制，使其不能成為主流用工型態。國際上通行的做法是要求危險性工作和涉及公共利益工作不允許使用派遣工。新法對勞務派遣崗位和範圍的規定符合國際通行做法。 ❾

個人承包的相關法律問題

　　非出於企業內部的勞動爭議，除了勞務派遣之外，還有大陸很常見的個人承包經營。個人承包經營是指企業與個人承包經營者透過合同的訂立，將企業全部或部分經營管理權，在一定期限內交給個人承包者，由個人承包者對企業進行經營管理。個人承包經營是中國大陸在經濟體制改革時期，為解決合營企業的經營管理不善與嚴重虧損所發展的特有模式。 ❿

　　勞動者造成損害的，勞務派遣單位與用工單位承擔連帶賠償責任。

❾　王麗芳，〈勞動合同法視野下的勞務派遣〉，《中國就業》，2007 年 11 期，頁 51-52。

❿　全國人大常委會法制工作委員會編，《中華人民共和國勞動合同法釋義》，2007，北京：法律出版社，頁 323。

　　然而，由於個人承包經營者與企業的特殊契約關係，有時也會發生勞動者權益受損與勞動爭議，不過個人承包者因責任承擔能力較為有限，因此勞動合同法第九十四條規定，「個人承包經營招用勞動者違反本法規定給勞動者造成損害的，發包的個人或者組織與個人承包經營者承擔連帶賠償責任」。

　　與承包概念最為類似的是承攬，其差別在於承攬關係中承攬人往往是自己準備工具而由定作人或接受勞務者提供材料；而承包則正相反，發包人往往提供工具，承包人往往自己準備材料。其次，承攬關係中承攬人往往是按照定作人或勞務接受者的意思去實施勞務；而在承包關係中，承包人往往是在與發包人約定的經營範圍內自主經營，承包關係作為一種責任制形式。

　　勞動合同法將其區別為兩種情況，如果承包經營者是單位，則完全由單位承擔雇主義務。如果承包經營者是個人，則由發包人在一定範圍內承擔雇主責任。勞動合同法擴大了保護範圍，這種擴大顯然與建築領域中農民工工資的拖欠有關。建築領域中由於層層轉包（嚴格說來，這並不是承包而是一種承攬），農民工工資有相當一部分是被包工頭所拖欠，勞動合同法加強了這方面的保護。二是以連帶責任的方式，有限度地要求發包方承擔責任。在個人承包經營的情況下，承包人根據經營的需要，招用了勞動者，這種招用如果違法且造成勞動者的損害，發包人與承包人才要承擔連帶賠償責任。

　　勞動合同法將「招用勞動者違反本法規定給勞動者造成損害的」作為設置連帶責任的前提條件，承認了個人承包經營權，如果承包

人依法行使經營權，發包人是沒有責任的。只有在承包人違法而且造成勞動者損失的情況下，才要求發包人承擔責任。這樣的規定有助於發包人對個人承包人行使督促、制約的義務，從而促使承包人承擔起對勞動者應盡的法律義務。由於個人作為承包人，承擔法律責任的能力較弱，連帶責任的設定，使個人承包人的責任有條件地擴張至發包人，以使勞動者的合法權益在受到損害時能夠得到足夠的救濟。❶

【案例】　　　　　　　　　　　　　　▶ ▶ ▶

　　2005 年 2 月，江女士透過朋友介紹，雇請五十三歲的家庭幫傭陳某為其提供清潔服務。江女士與陳某口頭約定，陳某替江女士提供家庭清潔服務，每小時支付報酬 30 元。

　　陳某依約準時來到江女士家，開始為其提供勞動，在勞動過程中，陳某爬上梯子清掃天花板灰塵時，梯子突然倒下，陳某不慎從梯子上摔下來，致使腰骨骨折。醫療費共 4,600 多元。陳某住院治療期間，江女士前去慰問，並付給陳某工作報酬 120 元外，還替其支付了醫療費 1,000 元。陳某出院後，要求江女士應再支付 4,000 元醫療費以及誤工費，江女士拒絕支付。陳某遂向法院提起訴訟。

　　經法院審理認為，陳某與江女彼此的約定，雖在工作期間，但江女士對陳某在完成工作過程中不存在過失，對陳某摔傷不承擔責任，因為陳某與江女士之間所形成的是一種承攬合同關係。但法院

---

❶ 董保華，《十大熱點事件——透視勞動合同法》，第十章，從學生的洋快餐打工看非標準的勞動關係，北京：法律出版社，頁 526-529。

考慮到陳某是鐘點工人，生活經濟比較拮据困難，經過雙方協調，江女士同意再次支付陳某 1,500 元。後陳某同意撤訴。

為家庭提供勞務的鐘點工，按照約定為雇主提供清潔服務，雇主則按照約定支付應得的報酬，雙方所形成的是一種承攬合同關係，雙方具有承攬人與定作人的權利義務。依照最高法院《關於審理人身損害賠償案件適用法律若干問題的解釋》第十條規定，承攬人在完成工作過程中對第三人造成損害或者造成自身損害的，定作人不承擔賠償責任。但定作人對定作、指示或者選任有過失的，應當承擔相應的賠償責任。因此，在用工方與鐘點工之間的承攬合同關係中，用工方對鐘點工在提供勞務過程中造成的損害，只在對定作、指示或者選任有過失時才應當承擔相應的賠償責任。本案中，沒有證據證明作為定作人的江女士對定作、指示或者選任存在過失，對陳某的摔傷不承擔賠償責任。❷

另外，勞動合同法所指的「個人承包經營」也包括了「轉包」。換言之，若企業發包給個人承包經營者之後，該承包者再另行轉包，若發生勞動爭議，企業仍必須負擔連帶的賠償責任。因此，企業無形中加重責任與義務，故發包時應小心謹慎，並盡可能善盡監督之責。

非全日制用工

非全日制用工類似臺灣的計時工讀生，對於企業而言，其與勞

---

❷　案例來源：東方法眼。

務派遣都具有類似的人力資源彈性與節省成本的優點。然而，近年來由於中國大陸發生許多非企業內部的正式員工遭受同工不同酬的待遇，受到社會的質疑，因此大陸勞動法律特別對此有所規範。

　　大陸勞動與社會保障部《關於非全日制用工若干問題的意見》規定，「勞動者通過依法成立的勞務派遣組織為其他單位、家庭或個人提供非全日制勞動的，由勞務派遣組織與非全日制勞動者簽訂合同」。用人單位與非全日制勞動者之間的關係，則符合勞動關係所有的特徵，雙方建立的是勞動關係，應受勞動法與勞動合同法規範。❸換言之，非全日制用工的勞動者與勞務派遣勞動者不同，他們是直接與用人單位簽訂勞動合同，因此用人單位應負起雇主的全部責任與義務。

　　勞動合同法第六十八條規定了非全日制用工的工作時數上限，「非全日制用工，是指以小時計酬為主，勞動者在同一用人單位一般平均每日工作時間不超過四小時，每週工作時間累計不超過二十四小時的用工形式」。不過，這個規定是指勞動者在「同一用人單位」的工作時數上限，事實上勞動者可以同時在多個用人單位中工作，這是避免企業將非全日制用工的勞動者，當作全職的員工在使用卻僅支付「時薪」，另一方面訂定工作時數上限，可能會使非全日制用工的勞動者收入有限，故又開放該勞動者得以在數個用人單位中工作，以增加收入。

---

❸　全國人大常委會法制工作委員會編，《中華人民共和國勞動合同法釋義》，2007，北京：法律出版社，頁 234。

　　在實際運作上，多數非全日制用工的勞動者，多是由於個人特殊原因，例如學生或上班族兼職等，大多單純在追求收入的增加，若在同一企業有工作時數上限，就表示想要增加收入則必須勤勞地多找幾家企業服務，相對提高了勞動者的「成本」。反之，站在企業的立場，這個規定是鼓勵企業將非關核心價值創造的工作流程交給成本較低的勞動者，而這類的工作本來就性質簡單，適合短期外部人力，因此只要按照規定上限指派工作，對企業的影響相對較低。

　　由於非全日制用工的特性也屬於彈性人力資源運用，因此立法者對於勞動合同的形式採取寬鬆的角度，在勞動合同法第六十九條規定，「非全日制用工雙方當事人可以訂立口頭協議」。同時考慮到非全日制用工的勞動者，往往同時會有多個服務企業，若同時存在的數個勞動合同間產生衝突，則依照勞動合同的日期先後設定優先順序，如同條第二項規定，「從事非全日制用工的勞動者可以與一個或者一個以上用人單位訂立勞動合同；但是，後訂立的勞動合同不得影響先訂立的勞動合同的履行」，因此企業若與勞動者訂立勞動合同，即使以口頭為之，也應保留勞動關係開始日的書面證據，以預防有爭議發生。

　　此外，既然非全日制用工屬於彈性勞動力的性質，因此也沒有約定試用期的必要，因此勞動合同法第七十條規定，「非全日制用工雙方當事人不得約定試用期」。同時同法第七十一條還規定，「非全日制用工雙方當事人任何一方都可以隨時通知對方終止用工。終止用工，用人單位不向勞動者支付經濟補償」。

最後，關於最容易引起社會批評的計時工資標準的問題，勞動合同法第七十二條參考一般全職工作的最低薪資規定，「非全日制用工小時計酬標準不得低於用人單位所在地人民政府規定的最低小時工資標準。非全日制用工勞動報酬結算支付週期最長不得超過十五日」。

notebook

第9章

辭退職工、勞動爭議與職工保護

關於企業辭退員工的情況，勞動合同法主要視為勞動合同的解除，因此必須符合勞動合同解除的各種條件，同時企業必須承擔支付經濟補償與為離職員工轉出檔案的義務。❶但值得一提的是，勞動合同法指出經濟性裁員的情況，有其存在的合理性，但必須符合嚴格的規定，本文將在此進一步詳述。

經濟性裁員

勞動合同法第四十一條規定，有下列情形之一，需要裁減人員二十人以上或者裁減不足二十人但占企業職工總數 10% 以上的，用人單位提前三十日向工會或者全體職工說明情況，聽取工會或者職工的意見後，裁減人員方案經向勞動行政部門報告，可以裁減人員：

(1)依照企業破產法規定進行重整的；
(2)生產經營發生嚴重困難的；
(3)企業轉產、重大技術革新或者經營方式調整，經變更勞動合同後，仍需裁減人員的；
(4)其他因勞動合同訂立時所依據的客觀經濟情況發生重大變化，致

---

❶ 關於勞動合同的解除將於本書第十章中詳述。

使勞動合同無法履行的。

裁減人員時，應當優先留用下列人員：

(1)與本單位訂立較長期限的固定期限勞動合同的；

(2)與本單位訂立無固定期限勞動合同的；

(3)家庭無其他就業人員，有需要扶養的老人或者未成年人的。

用人單位依照本條第一款規定裁減人員，在六個月內重新招用人員的，應當通知被裁減的人員，並在同等條件下優先招用被裁減的人員。

因此，企業以經濟性裁員作為辭退員工的理由時，必須符合規定所稱的「經濟性原因」，包括依照企業破產法規定進行重整、生產經營發生嚴重困難的、企業轉產、重大技術革新或者經營方式調整，經變更勞動合同後，仍需裁減人員的，以及其他客觀經濟情況發生重大變化等原因。其次，辭退員工的數量為「二十人以上或者裁減不足二十人但占企業職工總數百分之十以上的」，若因經濟性原因，辭退某一、二位員工，被立法者認為很可能將經濟性裁員作為辭退特定員工的工具，因此須符合辭退人數的下限。

由於中國大陸除了一般企業的形式外，也有其他形式的用人單位，包括個體經濟組織、民辦非企業單位等，這些組織都被排除在經濟性裁員的允許範圍之外，簡言之，只有企業才具有經濟性裁員的資格。

此外，對大陸職工而言，被企業解雇通常是一件不名譽的事情，且會被載入他的人事檔案，成為一生的負擔，而且在失業期間也享受不到失業保險待遇，因此企業辭退大陸職工必須有具體方式並載明時間地點、違反何種規定及處分結果，以備日後該員申請調解或仲裁時答辯之用。此外，由於地方勞動行政部門是企業有關勞動管理的主管機關，企業如有辭退職工時，應以辭退職工決定書呈報上級主管機關。以天津經濟技術開發區為例，辭退決定書在公司決定及徵求企業工會簽註意見後，一份呈當地勞動爭議仲裁委員會備案，若職工不服處分，可在規定期限內申請仲裁或調解，如果該職工無法提出自己不違反的理由，則辭退案件就成立❷。

勞動爭議的處理規定

當勞動爭議發生時，通常先由用人單位與勞動者進行協商，若協商不成，再向該用人單位的勞動爭議調解委員會申請協調，若協調亦無效，可再進入勞動爭議仲裁委員會進行仲裁，最後的救濟管道才訴諸法律程序。❸事實上，多數的勞動爭議都在協調階段或仲

---

❷ 蕭新永，《大陸臺商人事管理》，臺北：商周文化，1996，頁142。

❸ 勞動合同法第十八條規定，勞動合同對勞動報酬和勞動條件等標準約定不明確，引發爭議的，用人單位與勞動者可以重新協商；協商不成的，適用集體合同規定；沒有集體合同或者集體合同未規定勞動報酬的，實行同工同酬；沒有集體合同或者集體合同未規定勞動條件等標準的，適用國家有關規定。勞動法第七十九條規定，勞動爭議發生後，當事人可以向本單位

裁委員會就能夠獲得解決，對於雙方當事人都有節省時間與爭訟成本的好處。然而，若細究爭議處理的程序，勞動合同法第七十七條規定，「勞動者合法權益受到侵害的，有權要求有關部門依法處理，或者依法申請仲裁、提起訴訟」，實際上改變了過去勞動法第七十九條的規定，使勞動爭議雙方依法提起仲裁不再是提起訴訟的必經程序，換言之，可以不經過勞動爭議仲裁委員會，直接提起訴訟。

　　調解委員會對於解決勞動爭議具有協調功能，該委員會的組成，根據勞動法第八十條規定，「在用人單位內，可以設立勞動爭議調解委員會。勞動爭議調解委員會由職工代表、用人單位代表和工會代表組成。勞動爭議調解委員會主任由工會代表擔任。勞動爭議經調解達成協定的，當事人應當履行」。若在調解委員會階段，雙方無法達到有效協議，則任一方可以提出仲裁申請。

　　勞動法第八十一條指出仲裁委員會的組成，「勞動爭議仲裁委員會由勞動行政部門代表、同級工會代表、用人單位方面的代表組成。勞動爭議仲裁委員會主任由勞動行政部門代表擔任」。由於仲裁委員

勞動爭議調解委員會申請調解；調解不成，當事人一方要求仲裁的，可以向勞動爭議仲裁委員會申請仲裁。當事人一方也可以直接向勞動爭議仲裁委員會申請仲裁。對仲裁裁決不服的，可以向人民法院提起訴訟。勞動爭議調解仲裁法第五條，發生勞動爭議，當事人不願協商、協商不成或者達成和解協議後不履行的，可以向調解組織申請調解；不願調解、調解不成或者達成調解協議後不履行的，可以向勞動爭議仲裁委員會申請仲裁；對仲裁裁決不服的，除本法另有規定外，可以向人民法院提起訴訟。

會以官方的代表為首，加上同級工會的代表，因此相較於企業內的調解委員會更具有公正第三人的色彩，而且裁決結果有高度的約束力，雙方當事人都必須履行。如勞動法第八十二條規定，「對仲裁裁決無異議的，當事人必須履行」。

　　必須注意的是，同法同條規定仲裁的提出，有一定的時間限制，亦即「提出仲裁要求的一方應當自勞動爭議發生之日起六十日內向勞動爭議仲裁委員會提出書面申請。仲裁裁決一般應在收到仲裁申請的六十日內作出」。然而，關於勞動爭議「發生之日」的認定，勞動合同法並未詳述。2007 年 12 月 29 日第十屆全國人民代表大會常務委員會第三十一次會議通過「中華人民共和國勞動爭議調解仲裁法」中，則有較具體的規定。勞動爭議調解仲裁法第二十七條，「勞動爭議申請仲裁的時效期間為一年。仲裁時效期間從當事人知道或者應當知道其權利被侵害之日起計算」。

　　勞動爭議調解仲裁法第二十七條進一步規定，「仲裁時效，因當事人一方向對方當事人主張權利，或者向有關部門請求權利救濟，或者對方當事人同意履行義務而中斷。從中斷時起，仲裁時效期間重新計算。因不可抗力或者有其他正當理由，當事人不能在本條第一款規定的仲裁時效期間申請仲裁的，仲裁時效中止。從中止時效的原因消除之日起，仲裁時效期間繼續計算。勞動關係存續期間因拖欠勞動報酬發生爭議的，勞動者申請仲裁不受本條第一款規定的仲裁時效期間的限制；但是，勞動關係終止的，應當自勞動關係終止之日起一年內提出」。因此，無論企業或勞動者，在發生勞動爭議

時，應保留勞動爭議發生之日的紀錄，以利於勞動爭議的仲裁或訴訟舉證。

　　關於仲裁委員會的裁決，勞動爭議調解仲裁法第四十三條規定，仲裁庭裁決勞動爭議案件，應當自勞動爭議仲裁委員會受理仲裁申請之日起四十五日內結束。案情複雜需要延期的，經勞動爭議仲裁委員會主任批准，可以延期並書面通知當事人，但是延長期限不得超過十五日。逾期未作出仲裁裁決的，當事人可以就該勞動爭議事項向人民法院提起訴訟。仲裁庭裁決勞動爭議案件時，其中一部分事實已經清楚，可以就該部分先行裁決。因此，雙方當事人可以透過仲裁得到相對快速的裁決，節省時間的成本。

　　勞動爭議的最終站，是在任一方的當事人不服仲裁裁決之後，提起訴訟所進入的法律程序。依照勞動法第八十三條，「勞動爭議當事人對仲裁裁決不服的，可以自收到仲裁裁決書之日起十五日內向人民法院提起訴訟」。若超過提起訴訟的期限，則雙方都必須履行仲裁的裁決結果，若「一方當事人在法定期限內不起訴又不履行仲裁裁決的，另一方當事人可以申請人民法院強制執行」。

　　與集體合同有關的爭議，當事人以用人單位的工會為代表，也是透過協商為起點的爭議解決程序，如勞動法第八十四條，「因簽訂集體合同發生爭議，當事人協商解決不成的，當地人民政府勞動行政部門可以組織有關各方協調處理」。協商解決不成的，「可以向勞動爭議仲裁委員會申請仲裁；對仲裁裁決不服的，可以自收到仲裁裁決書之日起十五日內向人民法院提起訴訟」。

職工保護

根據大陸勞動合同法、勞動法與相關法律,用人單位必須建立、健全勞動安全衛生制度,嚴格執行國家的勞動安全衛生規程與標準,規範化、科學化地安排生產作業,對勞動者進行勞動安全衛生教育,積極採取切實有效的勞動安全衛生措施,防止勞動過程中的事故,減少職業危害。用人單位如果沒有達到國家規定的安全衛生技術標準要求,職工有權提出異議,並要求用人單位改正。對於危害生命安全和身體健康的勞動條件,勞動者有權對用人單位提出批評,並可以向有關主管部門檢舉與控告。❹

基於用人單位有義務提供安全的工作環境,故勞動合同法第三十二條原則性地規定,「勞動者拒絕用人單位管理人員違章指揮、強令冒險作業的,不視為違反勞動合同。勞動者對危害生命安全和身體健康的勞動條件,有權對用人單位提出批評、檢舉和控告」。

【案例】

張丁於 1999 年 7 月從某礦冶學校畢業後,被某礦業公司錄用,雙方簽訂了五年期勞動合同。在勞動合同中約定,張丁負責管理一線開採的工作,而企業提供必要的勞動保護條件,工資待遇與企業管理人員相同。在張丁開始工作後,企業為張丁提供了半年的培訓,

---

❹ 全國人大常委會法制工作委員會編,《中華人民共和國勞動合同法釋義》,2007,北京:法律出版社,頁 116。

然後按勞動合同約定到職工作，但該企業一直沒有依照合同提供相應的勞動保護設備。張丁屢次向企業負責人反映，但該企業表示，張丁屬於管理人員，不是真正的一線工人，不需要像一線工人那樣領取勞動保護設備，也無法享受企業機關科室人員的工作環境。因此，張丁向企業提出解除勞動合同。對此，企業則以張丁擅自解除勞動合同，要求賠償企業錄用和培訓費用。張丁向當地勞動爭議仲裁委員會申訴。勞動爭議仲裁委員會審理後裁定，企業違反了勞動合同中關於勞動條件的規定，張丁可以解除勞動合同，不需支付賠償費用。❺

　　此外，有一些特定行業，容易造成勞動者的職業傷害或疾病，為了保護勞動者，勞動法第五十四條規定，「用人單位必須為勞動者提供符合國家規定的勞動安全衛生條件和必要的勞動防護用品，對從事有職業危害作業的勞動者應當定期進行健康檢查」。大陸勞動部《關於貫徹執行「中華人民共和國勞動法」若干問題的意見》（勞部發〔1995〕309 號）第二十一條提出，「用人單位經批准招用農民工，其勞動合同期限可以由用人單位和勞動者協商確定。從事礦山井以下以及在其他有害身體健康的工種、崗位工作的農民工，實行定期輪換制度，合同期限最長不超過八年」。因此，對從事礦山井下及在其他有害身體健康的工作的農民工，企業應依規定的期限訂立勞動合同。

---

❺　案例來源：勞動合同法網。

【案例】

　　林翔為自用運砂車的車行司機，而汪大方於 1996 年 8 月起受雇於林翔的運砂車並為其工作，其主要的工作內容是隨車搬運雜貨，以及為汽車換輪胎、在倒車時給主車連接拖車的轉動三角架上插銷以固定方向、提醒駕駛員注意安全等。經雙方口頭約定，汪大方工資 300 元由林翔按月給付，並另負責汪大方食宿所有費用。同年 10 月 7 日，汪大方在一次隨車工作時，由於未經注意便跳上主、拖車之間的三角架，導致發生嚴重意外，且事後經醫院鑑定其為五級重度傷殘。

　　當日汪大方被緊急送入醫院並接受住院治療。在住院期間，林翔前去探望慰問，並與汪大方父親達成協議，由林翔替其負擔住院期間一切開支費用，並再支付 1,000 元後續醫療費用，汪父因經濟能力差與生活所迫，遂接受林翔的建議，並與林翔達成日後不再承擔其他責任的善後處理協議。後汪大方於 1996 年 10 月 21 日出院返鄉繼續治療，在林翔與汪父所達成的協議中，林翔支付了此次住院期間的全部醫療費用。

　　汪大方出院後，仍繼續於住家當地的醫院接受住院治療，但因其家境經濟能力困難，而無力負擔龐大醫療費用後無奈出院，這段期間花費共計約 20 萬元。後汪大方出院，多次透過律師事務所協助解決並要求林翔賠償因意外所造成的一切損失，遂向法院提起法律訴訟程序。此外，被告林翔乃於 1995 年 1 月 13 日自己購車加入運輸公司，車輛由林翔自己經營，運輸公司僅負責管理及協調各種關係並收取一定費用，車輛行駛證和其他相關手續均登記為該地運輸公司所有。

地方法院認為，原告汪大方和被告林翔達成口頭協議，由汪大方為林翔提供勞務，林翔給付汪大方報酬，屬僱傭合同。該合同符合《民法通則》規定的民事法律行為成立和有效的全部要件，應受法律保護。根據最高法院於 1988 年 10 月 14 日《關於雇工合同應當嚴格執行勞動保護法規問題的批覆》的規定，汪大方在受僱傭期間，依法應得到勞動保護。其在工作期間因職務行為而受傷，應當由雇主林翔承擔民事責任。林翔無證據證實此次事故的發生與汪大方的故意或重大過失有關，應當承擔事故的全部賠償責任。根據最高法院、司法部《關於民事法律援助工作若干問題的聯合通知》第十條的規定，林翔還應承擔法律援助中心援助人員在為汪大方辦案中的必要開支。故林翔應賠償汪大方經濟損失。

此外，根據勞動法第二條規定：「國境內的企業、個體經濟組織（以下統稱用人單位）和與之形成勞動關係的勞動者，適用本法。」勞動部《關於貫徹執行「勞動法」若干問題的意見》第一條解釋：「勞動法第二條中的『個體經濟組織』，是指一般雇工在七人以下的個體工商戶」。故被告林翔沒有工商行政管理部門頒發的工商戶營業執照，不是依法成立的工商戶，故不能作為勞動法律關係的主體。

雖原告汪大方受傷住院後，其父同被告林翔達成的善後處理協議，非汪大方本人的真實意思表示，所以應為無效。但林翔不服一審判決，遂再度向法院提起上訴。高等法院經審理後駁回上訴，維持原判。❻

---

❻ 案例來源：新勞動合同法資料站。

女職工與未成年工的保護

關於女性職工與未成年工的保護，主要以勞動法為主。其保護的層面包括平等就業的權利、過度勞動或危險工作的禁止、女職工的產假、未成年工的健康檢查等。諸如勞動法第十三條，「婦女享有與男子平等的就業權利。在錄用職工時，除國家規定的不適合婦女的工種或者崗位外，不得以性別為由拒絕錄用婦女或者提高對婦女的錄用標準」；另外，第五十九條規定，「禁止安排女職工從事礦山井下、國家規定的第四級體力勞動強度的勞動和其他禁忌從事的勞動」；以及第六十四條，「不得安排未成年工從事礦山井下、有毒有害、國家規定的第四級體力勞動強度的勞動和其他禁忌從事的勞動」。

未成年工是指「年滿十六周歲未滿十八周歲的勞動者」。未滿十六周歲的未成年人，相關勞動法律是禁止企業招用的❼，唯一的例外是「文藝、體育和特種工藝單位」，這類單位可以破例招用未成年工，但是「必須依照國家有關規定，履行審批手續，並保障其接受義務教育的權利」。而且企業也應提供未成年工定期的健康檢查。❽

勞動法對於女職工的保護相當細膩，除了九十天的生育假之

---

❼ 勞動法第九十四條，用人單位非法招用未滿十六周歲的未成年人的，由勞動行政部門責令改正，處以罰款；情節嚴重的，由工商行政管理部門吊銷營業執照。

❽ 勞動法第六十五條，用人單位應當對未成年工定期進行健康檢查。

外，❾包括女職工在生理期，企業「不得安排從事高處、低溫、冷水作業和國家規定的第三級體力勞動強度的勞動」，在其懷孕期間「不得安排女職工從事國家規定的第三級體力勞動強度的勞動和孕期禁忌從事的勞動。對懷孕七個月以上的女職工，不得安排其延長工作時間和夜班勞動」。❿此外，女職工在哺乳期，企業也「不得安排女職工在哺乳未滿一周歲的嬰兒期間從事國家規定的第三級體力勞動強度的勞動和哺乳期禁忌從事的其他勞動，不得安排其延長工作時間和夜班勞動」。所謂的哺乳期，是指婦女有一周歲以下的嬰兒。

【案例】

　　湯某是一家外商投資企業的職工。1998 年 5 月結婚，且不久後即懷孕，1999 年 8 月，湯某臨近產期，向單位請產假九十天，單位卻只批准了五十六天，並且表示在產假期間，工資將按基本工資標準的百分之六十發放。湯某向上級主管反映，但該主管表示，《勞動保險條例》規定的產假就是五十六天，企業完全是依法辦事。

　　關於產假時間的問題，湯某進一步向相關單位查詢，得知過去《勞動保險條例》規定的女職工產假的確是五十六天，但是，1988 年 7 月，國務院發布了《女職工勞動保護規定》，規定女職工產假為

---

❾　勞動法第六十二條，女職工生育享受不少於九十天的產假。

❿　勞動法第六十條，不得安排女職工在經期從事高處、低溫、冷水作業和國家規定的第三級體力勞動強度的勞動。第六十一條，不得安排女職工在懷孕期間從事國家規定的第三級體力勞動強度的勞動和孕期禁忌從事的勞動。對懷孕七個月以上的女職工，不得安排其延長工作時間和夜班勞動。

九十天，其中產前休假十五天。難產者增加產假十五天。多胞胎生育的，每多生育一個嬰兒，增加產假十五天。《女職工勞動保護規定》同時明確規定，本規定自 1988 年 9 月 1 日起施行，《勞動保險條例》中有關女工人、女職員生育待遇的規定和 1955 年 4 月 26 日《國務院關於女工作人員生產假期的通知》同時廢止。關於產假期間的工資問題，主要分為兩種情況。一種是沒有實行生育保險社會統籌，女職工產假期間的工資應該由企業支付。根據《女職工勞動保護規定》，不得在女職工懷孕期、產期、哺乳期降低其基本工資。也就是說，企業在職工休產假期間，可以停發獎金、伙食補貼等非基本工資部分，但是不得減發基本工資。另一種是實行了生育保險社會統籌，也就是企業參加了當地勞動保障部門建立的生育保險，並且按時足額繳納生育保險費者，根據原勞動部發布的《企業職工生育保險試行辦法》（勞部發〔1994〕504 號）規定，女職工產假期間，企業可停發其工資，改由社會保險經辦機構發給生育津貼，生育津貼的標準是本企業上年度職工月平均工資，生育津貼由生育保險基金支付。因此本案中，該公司明顯違反了《女職工勞動保護規定》的規定。**⓫**

最重要的是，勞動合同法令禁止企業與在孕期、產期、哺乳期的女職工解除勞動合同，**⓬** 因此企業不但不可「以女職工懷孕、產

⓫　案例來源：勞動合同法網。

⓬　勞動合同法第四十二條，勞動者有下列情形之一的，用人單位不得依照本法第四十條、第四十一條的規定解除勞動合同：㈠從事接觸職業病危害作業的勞動者未進行離崗前職業健康檢查，或者疑似職業病病人在診斷或者

假、哺乳等為由解除勞動合同」，亦不得在女職工孕期、產期、哺乳期內，「以女職工不能勝任工作、客觀情況發生重大變化或經濟性裁員而解除勞動合同」。大陸婦女權益保障法第二十七條規定，任何單位不得因結婚、懷孕、產假、哺乳等情形，降低女職工的工資，辭退女職工，單方面解除勞動（聘用）合同或者服務協議。

　　簡言之，女職工在懷孕、產假、哺乳期間，受到大陸勞動法律高度保護。因此，除女職工主動要求終止勞動合同者外，企業若必須與女職工解除勞動合同，絕不能提出與懷孕、產假、哺乳期等相關的理由，而是必須在幾種限定情況下提出，包括：㈠在試用期間被證明不符合錄用條件的；㈡嚴重違反用人單位的規章制度的；㈢嚴重失職、營私舞弊，給用人單位造成重大損害的；㈣勞動者同時與其他用人單位建立勞動關係，對完成本單位的工作任務造成嚴重影響，或者經用人單位提出，拒不改正的；㈤有欺詐、脅迫或乘人之危之行為致使勞動合同無效的；㈥被依法追究刑事責任的。**⓭** 即

　　醫學觀察期間的；㈡在本單位患職業病或者因工負傷並被確認喪失或者部分喪失勞動能力的；㈢患病或者非因工負傷，在規定的醫療期內的；㈣女職工在孕期、產期、哺乳期的；㈤在本單位連續工作滿十五年，且距法定退休年齡不足五年的；㈥法律、行政法規規定的其他情形。

⓭ 勞動合同法第三十九條，勞動者有下列情形之一的，用人單位可以解除勞動合同：㈠在試用期間被證明不符合錄用條件的；㈡嚴重違反用人單位的規章制度的；㈢嚴重失職，營私舞弊，給用人單位造成重大損害的；㈣勞動者同時與其他用人單位建立勞動關係，對完成本單位的工作任務造成嚴重影響，或者經用人單位提出，拒不改正的；㈤因本法第二十六條第一款

使是出現這些限定情況，企業也應明確的舉證。此外，企業的經濟性裁員，也不得包含上述在孕期、產期、哺乳期的女職工在內。

【案例】

　　曉玲於 1996 年 5 月 6 日受雇於原告旺詮建設開發公司工作，負責公司房地產開發與經營業務，需要經常往返三亞與海口兩地，但雙方並未簽訂勞動合同，原告也未曾替被告辦理社會保險。

　　曉玲於 1996 年 9 月結婚，原告公司並未給予婚假。同年 11 月 12 日，該公司為曉玲出具准生證證明。至 1996 年 12 月 30 日止，曉玲已懷孕十七週。該公司於同年 12 月 4 日，以曉玲不適任為由，書面要求予以辭退。曉玲向勞動爭議仲裁委員會申請仲裁。在此申訴期間，該公司要求曉玲簽字並領取了至 1996 年 12 月 4 日的工資，並在所簽的聲明中表示個人已與公司結算相關薪資。

　　1997 年 4 月 3 日，勞動爭議仲裁委員會裁定該公司應恢復曉玲的工作，補發從 1997 年 1 月 5 日至恢復工作前的薪資，補簽勞動合同。其次，應為曉玲補辦社會保險。第三，曉玲婚假應予補休。但該公司不服裁決，於同年 4 月 8 日向地方法院提起訴訟。

　　地方法院經審理後認為，曉玲受聘於旺詮公司工作已七個多月，雙方雖未簽訂勞動合同，但已形成事實上的勞動關係。根據《勞動法》的規定，女工在孕期、產假和哺乳期間，用人單位不得解除勞動合同。因此，該公司於曉玲懷孕期間予以辭退，已構成違法。該院依據勞動法第二十九條第三項、第七十二條，《計劃生育條例》第二十七條之規定，於 1997 年 8 月 18 日作出判決為：旺詮公司應恢

　　第一項規定的情形致使勞動合同無效的；㈥被依法追究刑事責任的。

復曉玲的工作，並補發薪資，補簽勞動合同。其次，補辦曉玲的社會保險，並給補休婚假。但旺詮公司仍不服此判決，上訴於該地高等法院。

高等法院認為：原審認定事實清楚，適用法律正確。但該公司僅應向曉玲補發依照法律規定應享有的產假期間的薪資。並維持地方法院其他部分的判決。 ⓮

主管機關的監督檢查

大陸實行勞動監察員制度，其主要是進行書面檢查與勞動場所的實地檢查，包括查閱與勞動合同及集體合同有關的資料等。勞動監察員是縣級以上各級人民政府勞動行政部門執行勞動監督檢查公務的人員。 ⓯ 勞動合同法第七十四條規定，縣級以上地方人民政府勞動行政部門依法對下列實施勞動合同制度的情況進行監督檢查：㈠用人單位制定直接涉及勞動者切身利益的規章制度及其執行的情況；㈡用人單位與勞動者訂立和解除勞動合同的情況；㈢勞務派遣單位和用工單位遵守勞務派遣有關規定的情況；㈣用人單位遵守國

⓮ 案例來源：新勞動合同法資料站。

⓯ 勞動合同法第七十三條國務院勞動行政部門負責全國勞動合同制度實施的監督管理。縣級以上地方人民政府勞動行政部門負責本行政區域內勞動合同制度實施的監督管理。縣級以上各級人民政府勞動行政部門在勞動合同制度實施的監督管理工作中，應當聽取工會、企業方面代表以及有關行業主管部門的意見。

家關於勞動者工作時間和休息休假規定的情況；㈤用人單位支付勞動合同約定的勞動報酬和執行最低工資標準的情況；㈥用人單位參加各項社會保險和繳納社會保險費的情況；㈦法律、法規規定的其他勞動監察事項。

除了縣級以上的勞動監察員之外，勞動合同法第七十六條指出，縣級以上人民政府建設、衛生、安全生產監督管理等有關主管部門在各自職責範圍內，對用人單位執行勞動合同制度的情況，也應進行監督管理。由於工會依法維護勞動者的合法權益，因此也可以「對用人單位履行勞動合同、集體合同的情況進行監督」。❶❻甚至於「任何組織或者個人對違反本法的行為都有權舉報」，而縣級以上人民政府勞動行政部門應當及時核實、處理，並對舉報有功人員給予獎勵。

企業規章制度的重要性

大陸「最高人民法院關於審理勞動爭議案件適用法律若干問題的解釋」（法釋〔2006〕6號）第十九條規定，用人單位根據「勞動法」第四條之規定，通過民主程序制定的規章制度，不違反國家法律、行政法規及政策規定，並已向勞動者公示的，可以作為人民法院審理勞動爭議案件的依據。因此，勞動爭議發生時，企業可以根

---

❶❻　勞動合同法第七十八條，工會依法維護勞動者的合法權益，對用人單位履行勞動合同、集體合同的情況進行監督。用人單位違反勞動法律、法規和勞動合同、集體合同的，工會有權提出意見或者要求糾正；勞動者申請仲裁、提起訴訟的，工會依法給予支持和幫助。

據內部規章提出相關的證據，然而，企業的規章制度並非任意由企業制定即可，而必須通過特定程序與審核，使得成為具有約束力的規章制度。是故本文特將企業規章制度的相關規定，在此詳述。

　　勞動合同法與勞動法第四條都規定，「用人單位應當依法建立和完善規章制度，保障勞動者享有勞動權利和履行勞動義務」。在企業規章制度制定的過程當中，工會扮演了重要的把關者角色。包括用人單位在制定、修改或者決定有關勞動報酬、工作時間、休息休假、勞動安全衛生、保險福利、職工培訓、勞動紀律以及勞動定額管理等直接涉及勞動者切身利益的規章制度或者重大事項時，應當經職工代表大會或者全體職工討論，提出方案和意見，與工會或者職工代表平等協商確定。而且在規章制度和重大事項決定實施過程中，工會或者職工認為不適當的，有權向用人單位提出，通過協商予以修改完善。另外，所謂的規章制度並非指用人單位的所有制度，是針對勞動報酬、工作時間、休息休假、勞動安全衛生、保險福利、職工培訓、勞動紀律及勞動定額管理等直接涉及勞動者切身利益的制度，其他制度如財務制度、車輛管理制度、合同管理制度等就不屬於勞動合同法所指的規章制度範圍。

【案例】

　　1986 年 10 月陳大偉自部隊轉業後，被安排到世界旅館工作，其負責的工作內容為旅館水電維護及抄報水電用量工作。雙方於 1994 年 9 月 1 日訂立《勞動合同書》，合同期限為 6 年。雙方訂立

的《勞動合同書》在 2000 年 9 月 1 日期滿後，雙方並未續訂合同。後旅館在 2001 年 6 月 6 日晚有關人員檢查水電使用情況時，發現有人偷竊水電的行為。為此，旅館認為是陳大偉的疏失，因此，旅館對陳大偉發出「工作極不負責」的警告，陳大偉因感受辱憤而拒絕上班。經過一段時間之後，陳大偉自行返回到原單位上班時，發現原職位已被取代。事後得知，2001 年 10 月 13 日，世界旅館以陳大偉連續曠工七天為由，將陳大偉予以除名。

陳大偉於 2002 年 1 月 23 日在收到除名決定書後，提出異議，並向勞動爭議仲裁委員會申請仲裁。陳大偉指出，根據世界旅館的《企業職工獎懲條例》第十八條明文規定，「職工無正當理由，連續曠工時間超過十五天，企業有權除名」，因此，世界旅館以連續曠工七天即進行除名，違反企業職工獎懲條例的規定。

2003 年 4 月 7 日，該地勞動爭議仲裁委員會作出仲裁字 (2003) 03 號《仲裁裁決書》，裁決：⑴撤銷世界旅館人字 (2001) 005 號《關於對陳大偉予以除名的決定》。⑵世界旅館應當在本裁決生效之日起三日內補發陳大偉 2001 年 6 月至 2003 年 4 月的生活費總計 3 千餘元。❶

值得注意的是，由企業規章制度所引發的勞動爭議，往往關鍵在於企業沒有確實執行勞動法律規定的「公告」過程，並且保存相關證據。按規定，用人單位應當將直接涉及勞動者切身利益的規章制度和重大事項決定公示，或者告知勞動者。因此，除了必須經過民主程序以外，為了避免今後發生糾紛時難以舉證，用人單位應當

---

❶　案例來源：新勞動合同法資料站。

保留與職工代表大會或者全體職工討論或協商的書面證據。

　　規章制度公告方式，一般如下：

(1)透過電子郵件通知：發送電子郵件通知員工閱讀規章制度並要求回覆確認；

(2)透過企業內部網站公布：公告於企業網站，員工容易得知之處；

(3)透過公告欄張貼：張貼在公司內部設置的公告欄；

(4)利用員工手冊：將公司規章制度編印成冊，發予每個員工，並列為到職手續之一；

(5)透過員工培訓：人力資源管理部門透過對全體員工培訓使其了解規章制度；

(6)舉辦規章制度考試：以公開考試方式，要求員工了解規章制度。

　　「最高人民法院關於審理勞動爭議案件適用法律若干問題的解釋㈡」（法釋〔2006〕6號）第十六條，針對內部規章制度與集體合同或勞動合同不一致時，應以何者為依據，作出相關的規定：「用人單位制定的內部規章制度與集體合同或者勞動合同約定的內容不一致，應以勞動者的請求作為適用規章制度或勞動合同前提，勞動者要求優先適用規章制度或勞動合同約定的，法院應予以支持。」因此，企業應隨時注意規章制度和合同約定的一致性。

【案例】

　　小蔡是某運輸公司員工，於去年 7 月 28 日開始因病在家休病假，後於發薪日時小蔡發現薪資被扣減，小蔡向公司請求補發薪資，但運輸公司對其回應表示，該運輸公司於 2004 年 12 月 31 日以前是實施舊版《員工手冊》，在其手冊中規定員工的病假工資是其基本工資的 60%。但至今年 1 月 1 日開始，已實行新的《員工手冊》，在此新的規定中：當年病假累計超過十天，病假工資待遇按員工工作地政府規定的最低標準執行。所以，運輸公司按照新的《員工手冊》扣發了小蔡今年 1、2 月份的工資。小蔡認為自己是去年即開始申請病假，因此，不服公司的決定而申請仲裁。仲裁機構最後判定運輸公司應補發小蔡今年 1、2 月份的工資差額，但運輸公司也不服，便向法院提起訴訟。案件審理時，運輸公司表示已將新版《員工手冊》進行公布並已送交所有職工，僅未履行相應的民主程序。

　　法院認為，用人單位制定的《員工手冊》應當在通過民主程序制定並向勞動者公示後，在本單位內頒布施行，故新版《員工手冊》無效。運輸公司應向小蔡支付工資。據此，判決運輸公司支付小蔡今年 1、2 月份的工資差額 1,900 餘元。

notebook

第 10 章

勞動合同的變更、解除與終止

勞動合同的變更

勞動合同法第三十五條規定,「用人單位與勞動者協商一致,可以變更勞動合同約定的內容」。勞動合同的變更是指勞動合同依法訂定之後,在合同尚未履行或尚未履行完畢之前,經用人單位和勞動者雙方當事人協商同意,對勞動合同內容做部分修改、補充或刪減的法律行為。

至於在何種情況得以變更勞動合同,根據勞動合同法第四十條第三項規定,勞動合同訂立時所依據的客觀情況發生重大變化,致使勞動合同無法履行,經用人單位與勞動者協商,未能就變更勞動合同內容達成協定的,用人單位提前三十日以書面形式通知勞動者本人或者額外支付勞動者一個月工資後,可以解除勞動合同,因此,勞動合同訂定時所依據的客觀情況發生重大變化,是變更勞動合同的理由,而所謂「勞動合同訂立時所依據的客觀情況發生重大變化」,主要是指以下幾種特定的情形:

(1)訂定勞動合同所依據的法律、法規已經修改或者廢止。勞動合同的簽訂和履行必須以不得違反法律、法規的規定為前提。如果合

同簽訂時所依據的法律、法規發生修改或者廢止，合同如果不變
更，就可能出現與法律、法規不相符，甚至違反法律、法規的情
況，導致勞動合同因違法而無效。

⑵用人單位經上級主管部門批准或者根據市場變化決定轉產、調整
生產任務或生產經營項目等。換言之，用人單位的生產經營不是
一成不變的，隨時可以根據上級主管部門批准或根據市場變化，
調整經營策略和產品結構，在這些情況之下，有些工作、產品生
產單位就可能因此而撤銷或被新的工作或產品生產單位取代，原
來的勞動合同就可能因簽訂條件的改變而發生變更。

⑶因勞動者的身體健康狀況發生變化、勞動能力部分喪失、所在單
位與職業技能不能適應或職業技能提高了一定等級等原因，造成
原勞動合同不能履行或者如果繼續履行原勞動合同中的義務，會
對勞動者明顯不公平者。

⑷其他客觀方面的原因，使當事人在原勞動合同中的權利義務履行
成為不必要或不可能。諸如自然災害、意外事故、戰爭等不可抗
力的發生，以及由於物價大幅上升等客觀經濟情況的變化，致使
勞動合同的履行花費太大的代價而失去經濟上的價值。❶

　　無論是何種原因，勞動合同的變更，都需要在勞動合同法訂立
之後，且合同沒有履行或尚未履行完畢之前的有效期間內進行。其

---

❶　全國人大常委會法制工作委員會編，《中華人民共和國勞動合同法釋義》，
2007，北京：法律出版社，頁 121-126。

次，必須符合平等自願與協商一致的原則，意即勞動合同的變更必須經過用人單位與勞動者雙方當事人同意；在實務上，若用人單位以公開考試的方式，對未通過考試的員工變更工作單位或予以辭退，都屬於未經勞動者同意而變更勞動合同的範圍。第三，根據勞動合同法第三十五條第二項規定，「變更勞動合同，應當採用書面形式。變更後的勞動合同文本由用人單位和勞動者各執一份」，因此變更勞動合同時，務必使用書面的形式，任何口頭形式達成的變更協議都是無效的；應明定變更哪些條款及內容，且應註明生效日期後經雙方簽章始具效力。

必須注意的是，勞動合同的「變更」其實是合同雙方同意的結果。然而，過去有些企業為了不繼續履行勞動合同，而單方面的以變更單位名稱、負責人等方式逃避法律責任，勞動合同法針對類似情況，明確做出了限制規定。在第三十三條規定，「用人單位變更名稱、法定代表人、主要負責人或者投資人等事項，不影響勞動合同的履行」，以及第三十四條規定，「用人單位發生合併或者分立等情況，原勞動合同繼續有效，勞動合同由承繼其權利和義務的用人單位繼續履行」。

依照立法者的相關解釋，用人單位的合併一般指兩種情況，一種情況是指用人單位與其他法人或組織聯合成立一個新的法人或其他組織承擔被合併的用人單位的權利和義務；另一種情況是指一個用人單位被撤銷後，將其權利和義務轉給另一個法人或其他組織。在這兩種情況下，原用人單位在合併後均不再存在。為了保護原用

人單位的勞動者的合法權益，合併後的法人或其他組織成為一個新的用人單位，承繼了原用人單位所有對其勞動者的權利和義務。用人單位分立的情況，無論是原用人單位分出一部分財產設立新的用人單位，或原用人單位分解為兩個以上的用人單位，而使原用人單位終止，原勞動合同都繼續有效，只要新成立的用人單位繼承了原用人單位的權利，就要繼續承擔原用人單位的義務。❷

【案例】

　　2006 年 8 月小許畢業後，應聘在某實業有限公司任設計師助理，當時勞動合同的服務期是一年。後小許於 2007 年 8 月 28 日再與公司續簽勞動合同一年，但合同的用人單位卻改為「某貿易有限公司」。此後小許得知，該「實業公司」和「貿易公司」的老闆是同一個人，他註冊「貿易公司」的目的就是用來和員工簽勞動合同。小許遂向律師請求協助，該律師事務所指出，勞動合同法第十四條第二款相關內容，用人單位與勞動者協商一致，可以訂立無固定期限勞動合同。連續訂立二次固定期限勞動合同，且勞動者沒有本法第三十九條和第四十條第一項、第二項規定的情形，續訂勞動合同的，勞動者提出或者同意續訂、訂立勞動合同的，除勞動者提出訂立固定期限勞動合同外，應當訂立無固定期限勞動合同。該公司老闆同時成立「實業公司」與「貿易公司」的目的就是使員工不符合「連續訂立二次固定期限勞動合同」這樣一個條件。因此律師事務所建議小許應妥善保存相關的證據，包括：工作內容、工作證、出

---

❷　全國人大常委會法制工作委員會編，《中華人民共和國勞動合同法釋義》，2007，北京：法律出版社，頁 119-120。

入證、考勤卡、工資單、稅單、養老保險金、失業保險金、工傷保險金、醫療保險金的單位部分繳納者與代扣代繳單位等，以證明雇主無實質變更且原勞動合同仍繼續履行。

　　因此，即使在和「實業公司」合同到期後，小許又和「貿易公司」簽了勞動合同，這樣，雖然小許和「實業公司」沒有勞動合同，但如果小許獲得了上述證據，可以證明雙方建立了事實勞動關係，按照勞動合同法，這種情況延續一年後的法律效果是：視為小許和「實業公司」已經訂立無固定期限勞動合同，同時小許每月可以得到二倍的工資。勞動合同法第十四條第三款規定用人單位自用工之日起滿一年不與勞動者訂立書面勞動合同的，視為用人單位與勞動者已訂立無固定期限勞動合同；第八十二條第二款規定用人單位自用工之日起超過一個月不滿一年未與勞動者訂立書面勞動合同的，應當向勞動者每月支付二倍的工資。❸

【案例】　

　　張某原本為天津某電梯公司上海分公司的員工，雙方於 1989 年 10 月 12 日簽訂了無固定期限的勞動合同。1993 年 3 月 26 日，該公司與上海國際信託投資公司、美國奧的斯遠東集團有限公司在上海合資組建上海奧的斯電梯有限公司，原上海分公司旋即關閉。

　　隨後，新成立的上海奧的斯電梯有限公司將接收原上海分公司的員工，但未與他們簽訂新的勞動合同，且原上海分公司並未與員工終止勞動合同。

---

❸　案例來源：新民晚報。

　　其後，上海奧的斯電梯有限公司任命張某為安裝部經理。1994年2月15日，新公司以近年來安裝品質問題及工程管理問題為由，免去原告的安裝部經理職務，張某不服，遂向上海市勞動爭議仲裁委員會申請仲裁。1995年1月26日，上海市勞動仲裁委作出裁決，上海奧的斯電梯有限公司與張某的勞動關係已於1994年2月23日終止。張某不服此裁決，繼續於1995年2月9日向上海市黃浦區人民法院提起上訴，並表示自己僅擔任安裝部經理三個月，新公司卻將近年來的品質問題歸責於自己，是不符合事實的。此外，公司終止與自己的勞動關係時，並未徵得工會的意見，在程序上違法。因此要求公司恢復勞動關係。

　　黃浦區人民法院經審理後認為，該公司對張某作出終止勞動合同決定前，並未徵求公司工會的意見。終止勞動合同後，工會向公司提出書面意見，也未予以理會，有違法律。此外，新成立的公司屬合營企業，根據規定，合營企業的職工一律實行勞動合同制。被告上海奧的斯電梯有限公司成立後，接收了原公司上海分公司的在職員工，當時既未明確這些員工與原公司的勞動合同終止，也未與這些員工簽訂新的勞動合同，雙方已實際履行了原告與原公司簽訂的勞動合同。故根據《上海市中外合資經營企業勞動人事管理條例》第十條第一款、第十六條第一款、第二款之規定，該院判決公司應與張某恢復勞動關係，且該公司自接收原公司員工之日起，應與員工訂立合法的勞動合同。

　　其後，上海奧的斯電梯有限公司雖不服此判決，上訴於上海市第二中級人民法院，但上海市第二中級人民法院駁回上訴，維持原判。❹

勞動合同的無效

勞動合同法規定在三種情況下，可能造成勞動合同無效。如勞動合同法第二十六條指出，下列勞動合同無效或者部分無效：㈠以欺詐、脅迫的手段或者乘人之危，使對方在違背真實意思的情況下訂立或者變更勞動合同的；㈡用人單位免除自己的法定責任、排除勞動者權利的；㈢違反法律、行政法規強制性規定的。換言之，在勞動合同訂立之後，若任一方提出其出於非自願而簽訂合同或內容已違反相關勞動法或其他相關法律規定者，就可以向勞動爭議仲裁機構或者人民法院提出確認。若經仲裁機構或人民法院確認為無效的勞動合同，則雙方須依照勞動合同無效的相關規定，做進一步的權利義務解除或履行。

勞動合同的無效，可以再細分為全部無效與部分無效。其立法用意主要是為了防止勞動合同的任一方，為了逃避勞動合同中的責任或義務，藉由勞動合同中的一部分瑕疵，而獲得勞動合同全部無效的結果，特別是針對部分企業藉勞動合同無效的方式惡意解雇員工。因此在實務上，若企業發現勞動者在應聘時隱瞞了一些事實，或向用人單位提供了不實的個人資料等，相關仲裁機構或法院未必會將其認定為全部無效的勞動合同。一般而言，部分無效的勞動合同比較常見的情況，大多是未經批准不得辭職、加班不給加班費、工作受傷自行負責等。❺因此，既然勞動合同允許部分無效的情形，

---

❹　案例來源：新勞動合同法資料站。

則若其不影響其他部分效力的，其他部分仍有效。❻

　　經勞動爭議仲裁委員會或人民法院確認無效的勞動合同，仍有相關的權利義務必須履行。勞動合同法第二十八條規定，「勞動合同被確認無效，勞動者已付出勞動的，用人單位應當向勞動者支付勞動報酬。勞動報酬的數額，參照本單位相同或者相近崗位勞動者的勞動報酬確定」。是故，站在勞動者的立場，若企業為了不支付工資而訴諸勞動合同無效，則勞動者仍可依照已經付出的勞動，要求企業支付相應的薪資。此外，勞動合同法第八十六條也規定，勞動合同按規定被確認無效之後，「給對方造成損害的，有過錯的一方應當承擔賠償責任」。

【案例】

　　汪某因自身學經歷條件不佳，為使自己獲得工作機會，因此花錢於 1999 年 8 月請人偽造學歷為國立某商業管理大學財經管理科系。其後，某公司聘請汪某至其公司上班，擔任銷售部經理，雙方也於 1999 年 8 月 12 日簽訂聘用合同，約定月薪為 2,000 元。但汪某於工作一段時期後，公司發現汪某的專業表現以及工作實績並不佳，致使公司對其工作能力與學經歷背景產生質疑，遂透過向其指稱的大學查證核實，獲得證實的結果確認汪某的學歷係偽造。公司

---

❺　全國人大常委會法制工作委員會編，《中華人民共和國勞動合同法釋義》，2007，北京：法律出版社，頁 93。

❻　勞動合同法第二十七條，勞動合同部分無效，不影響其他部分效力的，其他部分仍然有效。

遂於 2000 年 2 月 29 日立即對汪某作出處置決定，以汪某偽造學歷為由通知其自 2000 年 3 月 1 日解除合同。公司並結算汪某 2000 年工作薪資 1,000 元。

汪某後於 2000 年 3 月 8 日向勞動爭議仲裁委員會提出申訴，要求該公司應補付 2000 年 2 月的工資 1,000 元；並支付提前解除合同的經濟補償金 2,000 元及替代通知期工資 2,000 元。但公司認為，原告汪某是以欺詐的手段，使原、被告簽訂了聘用合同，所以要求確認原、被告立的合同無效；依照公司薪資架構規定，汪某被查明不具有大學本科學歷後，只能得到銷售員 C 級月薪，按 650 元標準領取工資，所以，不同意補發原告工資。仲裁委裁決：公司應支付汪某 2 月份工資補差 1,000 元。公司不服，續向地方法院提訴。

最終一審以及二審人民法院都支持了仲裁的裁決決定，要求公司應支付汪某 2 月份工資補差 1,000 元。法院認為，汪某通過欺詐手段訂立的合同無效，無效的勞動合同沒有法律約束力；但是汪某在職期間已付出了勞動，公司應支付約定工資。❼

勞動合同的解除

勞動合同的解除，可以分為雙方協議解除以及單方面的解除。根據勞動合同法第三十六條規定，「用人單位與勞動者協商一致，可以解除勞動合同」，因此雙方協商，是解除勞動合同最簡單的方式。單方面的解除勞動合同，相較之下則有複雜的限制，其又可進一步

❼ 案例來源：李迎春，《勞動合同法──案例精解與應對策略》，北京：法律出版社，2007，頁 86-87。

分為勞動者解除勞動合同與用人單位解除勞動合同。

由勞動者解除勞動合同的情況，可以根據勞動合同法第三十八條規定，用人單位有下列情形之一的，勞動者可以解除勞動合同：

(1)未按照勞動合同約定提供勞動保護或者勞動條件的；

(2)未及時足額支付勞動報酬的；

(3)未依法為勞動者繳納社會保險費的；

(4)用人單位的規章制度違反法律、法規的規定，損害勞動者權益的；

(5)因本法第二十六條第一款規定的情形致使勞動合同無效的；

(6)法律、行政法規規定勞動者可以解除勞動合同的其他情形。

除了符合解除勞動合同的相關條件之外，勞動者亦須在三十日前通知用人單位，若仍在試用期，則須在三日前通知用人單位。❽若用人單位以暴力、威脅或者非法限制人身自由的手段強迫勞動者勞動的，或者用人單位違章指揮、強令冒險作業危及勞動者人身安全的，勞動者可以立即解除勞動合同，不需事先告知用人單位。因此，企業若要避免員工依法解除勞動合同，應盡量避免有上述法定條件出現，特別是繳納社會保險費與支付勞動報酬，且勞動報酬的支付必須「及時且足額」，若企業未在約定的時間支付或只支付一部分工資，都讓員工有解除勞動合同的理由。

---

❽　勞動合同法第三十七條，勞動者提前三十日以書面形式通知用人單位，可以解除勞動合同。勞動者在試用期內提前三日通知用人單位，可以解除勞動合同。

　　除了未繳納社保費或按時足額支付工資以外，若企業符合其他項勞動者可解除勞動合同的違法情況，則很可能還必須遭受行政單位的處罰及相關的損害賠償。根據勞動合同法第八十八條規定，用人單位有下列情形之一的，依法給予行政處罰；構成犯罪的，依法追究刑事責任；給勞動者造成損害的，應當承擔賠償責任：

⑴以暴力、威脅或者非法限制人身自由的手段強迫勞動的；

⑵違章指揮或者強令冒險作業危及勞動者人身安全的；

⑶侮辱、體罰、毆打、非法搜查或者拘禁勞動者的；

⑷勞動條件惡劣、環境污染嚴重，給勞動者身心健康造成嚴重損害的。

　　相對於勞動者，用人單位若要解除勞動合同卻有更嚴格的規定。勞動合同法第三十九條，勞動者有下列情形之一，用人單位可以解除勞動合同：

⑴在試用期間被證明不符合錄用條件的；

⑵嚴重違反用人單位的規章制度的；

⑶嚴重失職，營私舞弊，給用人單位造成重大損害的；

⑷勞動者同時與其他用人單位建立勞動關係，對完成本單位的工作任務造成嚴重影響，或者經用人單位提出，拒不改正的；

⑸因本法第二十六條第一款第一項規定的情形，致使勞動合同無效的；

⑹被依法追究刑事責任的。

　　詳言之，用人單位單方面解除勞動合同依法，必須有以下幾種情形：

㈠在試用期被證明不符合錄用條件

　　試用期間以勞動合同所訂定的為準，依照勞動合同法第十九條規定：「勞動合同期限三個月以上不滿一年的，試用期不得超過一個月；勞動合同期限一年以上三年以下的，試用期不得超過二個月；三年以上固定期限和無固定期限的勞動合同，試用期不得超過六個月。」因此，若勞動合同約定的試用期超過法定最長時間，則以最長時間為準；此外，若試用期滿仍未辦理轉正手續，則已不能視為試用期間，也就是不能以試用期不符合錄用條件為由，單方面解除勞動合同。其次，關於勞動者是否符合錄用條件，用人單位必須提供有效的證明，換言之，用人單位必須要對該特定工作的工作職能做出具體描述，同時，用人單位還必須在試用期間，對勞動者的表現作客觀的記錄與評價。❾

㈡嚴重違反用人單位的規章制度

　　在這項情況中，首先要探討規章制度的內容，是否符合相關法律或法規的規定，更重要的是，規章制度必須要經過民主程序，例如經過職工代表大會的同意，為了避免發生糾紛時難以舉證，用人

---

❾　全國人大常委會法制工作委員會編，《中華人民共和國勞動合同法釋義》，2007，北京：法律出版社，頁 137-140。

單位應當保留討論或協商的書面證據，經過民主程序之後，還必須進行公告的程序，才能算是有效力的規章制度。其次，何謂「嚴重」違反，最好明確而具體地載明於企業規章制度之中，❿例如曠工三天屬於「嚴重」違反規章制度，一個月內輕微違紀累計達五次視為「嚴重」違反規章制度等等。

【案例】

　　小丁在某公司工作已經四年多了，2006 年 5 月 10 日突然收到公司的《解雇員工通知》，在解雇通知上稱：「由於你工作不認真負責，也沒有盡到上班的職責，經常偷懶，未能盡職盡責做好本職工作，且利用正常工作時間經常上網與人聊天，嚴重影響公司的運作，現公司決定解除勞動合同，並不予任何補償，請你收到本通知後即辦理離職手續」。小丁收到此張解雇通知，認為公司故意假藉這樣的理由逼迫自己離職，原因是自己在工作上的事情與公司主管吵架。所以小丁向勞動爭議仲裁委員會申請仲裁，要求公司就算要求自己離職，也該支付經濟補償金。庭審中，公司無法提供實際證據來證明小丁有嚴重違紀行為，仲裁委遂裁決公司應按照小丁的工作年限支付小丁四個月工資的經濟補償金，並支付經濟補償金百分之五十的額外經濟補償金。⓫

---

❿　全國人大常委會法制工作委員會編，《中華人民共和國勞動合同法釋義》，2007，北京：法律出版社，頁 137-140。

⓫　李迎春，《勞動合同法──案例精解與應對策略》，北京：法律出版社，2007，頁 147-148。

（三）嚴重失職，營私舞弊，給用人單位造成重大損害

這是指勞動者在履行勞動合同期間，沒有按照單位職責履行自己的義務，違反其忠於職守、維護和增進用人單位利益的義務，有未盡職責的嚴重過失行為，或者利用職務之便謀取私利的故意行為，使用人單位的有形或無形財產，遭受重大的損失，但尚不構成觸犯刑法的程度。例如，因怠忽職守而造成事故，因工作不負責而經常產生不良品、廢品、損壞設備、浪費原材料或能源等，用人單位可以解除勞動合同。但是，正如同嚴重違反用人單位規章制度的情況，用人單位也應該針對給用人單位造成損害的程度，在規章制度中，具體而明確的規定。 ❷

（四）勞動者同時與其他用人單位建立勞動關係，對完成本單位任務造成嚴重影響，或者經用人單位提出，拒不改正

勞動者與其他用人單位建立勞動關係，通常稱為「兼職」。雖然有關法令並沒有禁止「兼職」，但是站在用人單位的角度，若員工因兼職而嚴重影響原工作與任務的完成，則用人單位有權解除勞動合同。因此，當用人單位發現員工兼職，必須要造成「嚴重影響」的證明，且建議應先以書面通知該員工改正，拒不改正者，用人單位才能解除勞動合同。 ❸另一方面，企業聘雇員工也要特別注意其是

---

❷　全國人大常委會法制工作委員會編，《中華人民共和國勞動合同法釋義》，2007，北京：法律出版社，頁 137-140。

否已與之前任職的用人單位完成解除或終止勞動合同的程序，依照
勞動合同法第九十一條規定，用人單位招用與其他用人單位尚未解
除或者終止勞動合同的勞動者，給其他用人單位造成損失的，應當
承擔連帶賠償責任。

　　㈤因本法第二十六條第一款第一項規定的情形致使勞動合
　　　同無效

　　勞動合同法第二十六條第一款第一項規定，「以欺詐、脅迫手段
或趁人之危，使對方在違背其真實意思的情況下訂立或者變更的勞
動合同」屬於無效或部分無效勞動合同。詳言之，「欺詐」是指一方
當事人故意告知對方虛假的情況，或故意隱瞞真實的情況，誘使對
方做出錯誤的意思表示，並據以簽訂了勞動合同；「脅迫」是指對另
一方當事人或其親友的生命健康、榮譽、名譽、財產等造成損害為
要脅，使對方作出違背真實意思表示的行為；「趁人之危」是指一方
當事人利用對方危難處境或緊迫需要，為牟取不當利益，迫使對方
違反真實意願而簽訂的勞動合同。故在上述情形下，勞動合同當屬
無效，用人單位若符合規定當然有權解除勞動合同。❹

---

❸　全國人大常委會法制工作委員會編，《中華人民共和國勞動合同法釋義》，
　　2007，北京：法律出版社，頁 137-140。
❹　全國人大常委會法制工作委員會編，《中華人民共和國勞動合同法釋義》，
　　2007，北京：法律出版社，頁 137-140。

㈥被依法追究刑事責任

根據勞動部《關於貫徹執行「中華人民共和國勞動法」若干問題的意見》第二十九條規定，「被依法追究刑事責任」，是指被人民法院免予起訴的、被人民法院判處刑罰的、被人民法院依據刑法第三十二條刑事處分的。勞動者被人民法院判處拘役、三年以下有期徒刑緩刑的，用人單位可以解除勞動合同。**⑮**

【案例】

　　吳某於 1998 年 2 月進入某塑膠模具廠工作，由於吳某是專業科班出身，技術水準高，並在大廠待過，具有優秀的技術與能力。所以公司給予吳某優渥的待遇，每月工資 5,000 元，另有其他經濟獎勵。2006 年 9 月，吳某由於家中事故導致自己心神不寧，因此在生產過程中不慎操作失誤，導致一套模具損壞，公司花了 2 萬餘元才將該損壞的模具修復好。公司遂以吳某嚴重失職造成公司重大經濟損失為由辭退吳某，並不接受吳某的解釋。吳某於 2006 年 10 月申請勞動仲裁要求公司支付經濟補償金 4 萬 5 千元及補償未提前三十日通知解除勞動合同的代通知金 5,000 元。仲裁委駁回其申訴請求，吳某不服再度向法院提起訴訟。庭上，公司答辯稱《公司規章制度》已有明確規定：嚴重失職，並造成經濟損失 1 萬元以上的，公司有權辭退，並不支付經濟補償金。所以，吳某違反了公司規章

---

⑮ 全國人大常委會法制工作委員會編，《中華人民共和國勞動合同法釋義》，2007，北京：法律出版社，頁 137-140。

制度相關管理條例規定，屬於嚴重失職，並造成公司經濟損失 2 萬元以上，應予以辭退，所以不同意支付解除合同的經濟補償金及代通知金。法院再度審理後認為，吳某在 2006 年 9 月生產過程中因操作失誤，導致一套模具損失，確實已造成公司經濟損失達 2 萬餘元，所以，按照公司已經公示的規章制度規定，吳某行為屬於嚴重失職，公司以此為由辭退吳某並無不當，吳某要求公司支付經濟補償金及代通知金的訴訟請求，無法律依據，不予支持。**⑯**

值得注意的是，當企業發現員工的工作能力不足，但並未嚴重違反規章制度、營私舞弊或兼職等，按照勞動合同法的規定，企業只能依照勞動合同法第四十條所規定的情況，支付勞動者一個月的工資後解除勞動合同。其規定內容如下：

有下列情形之一的，用人單位提前三十日以書面形式通知勞動者本人或者額外支付勞動者一個月工資後，可以解除勞動合同：

(1)勞動者患病或者非因工負傷，在規定的醫療期滿後不能從事原工作，也不能從事由用人單位另行安排的工作的；

(2)勞動者不能勝任工作，經過培訓或者調整工作崗位，仍不能勝任工作的；

(3)勞動合同訂立時所依據的客觀情況發生重大變化，致使勞動合同無法履行，經用人單位與勞動者協商，未能就變更勞動合同內容

---

⑯ 全國人大常委會法制工作委員會編，《中華人民共和國勞動合同法釋義》，2007，北京：法律出版社，頁 121-123。

達成協定的。

　　根據上述第二項規定，當企業認定員工「不能勝任工作」時，必須先安排培訓以協助提升其工作能力，或以調整工作單位的方式改善其工作表現，而不應立即解除勞動合同。

【案例】　

　　　小張在某臺資企業公司擔任生產部經理。但生產部在 2006 年 3 月份至 7 月份之間生產的多批產品出現品質問題，對此，小張自行向公司出具了調查報告，在報告中也稱其負有管理責任。後來，2006 年 8 月份，公司以小張不能勝任工作為由解除勞動合同。小張覺得不服，便向勞動爭議仲裁委員會申請勞動仲裁要求繼續履行勞動合同，仲裁委認為根據相關證據可以認定小張不能勝任工作，公司解除勞動合同符合法律規定，遂駁回小張的申訴請求。小張遂向法院提出訴訟，法院經過審理後認為，小張雖不能勝任工作，但公司並未對其進行培訓或調整其工作崗位而是直接解除勞動合同，所以，公司解除勞動合同行為有所不當，支持了小張的訴訟請求。❶

　　企業準備單方面解除勞動合同之前，還必須要先通知工會。如勞動合同法第四十三條規定，「用人單位單方解除勞動合同，應當事先將理由通知工會。用人單位違反法律、行政法規規定或者勞動合同約定的，工會有權要求用人單位糾正。用人單位應當研究工會的

---

❶　李迎春，《勞動合同法——案例精解與應對策略》，北京：法律出版社，2007，頁 132。

意見，並將處理結果書面通知工會」。企業用以通知員工勞動合同解除或終止的形式，必須要是書面，若違反規定而未向勞動者出具解除或者終止勞動合同的書面證明者，由勞動行政部門責令改正；給勞動者造成損害的，應當承擔賠償責任。

部分屆臨退休或受到高度保護的勞動者，如可能有職業病危害、因工負傷、孕期產期哺乳期女職工等，勞動合同法第四十二條規定禁止用人單位單方面解除勞動合同，❸企業應當特別注意。

勞動合同的終止

勞動合同非由雙方協議或單方面解除而使勞動合同的效力消失的情況，為勞動合同的終止，按照勞動合同法第四十四條規定，有下列情形之一的，勞動合同終止：

(1)勞動合同期滿的；
(2)勞動者開始依法享受基本養老保險待遇的；
(3)勞動者死亡，或者被人民法院宣告死亡或者宣告失蹤的；

---

❸ 勞動合同法第四十二條，勞動者有下列情形之一的，用人單位不得依照本法第四十條、第四十一條的規定解除勞動合同：(一)從事接觸職業病危害作業的勞動者未進行離崗前職業健康檢查，或者疑似職業病病人在診斷或者醫學觀察期間的；(二)在本單位患職業病或者因工負傷並被確認喪失或者部分喪失勞動能力的；(三)患病或者非因工負傷，在規定的醫療期內的；(四)女職工在孕期、產期、哺乳期的；(五)在本單位連續工作滿十五年，且距法定退休年齡不足五年的；(六)法律、行政法規規定的其他情形。

⑷用人單位被依法宣告破產的；

⑸用人單位被吊銷營業執照、責令關閉、撤銷或者用人單位決定提
　前解散的；

⑹法律、行政法規規定的其他情形。

　　勞動合同終止的原因，大多是基於勞動合同到期，這適用於固
定期限勞動合同與以完成一定工作任務為期限的勞動合同。勞動合
同期滿，除依法續訂勞動合同和依法應延期者以外，勞動合同自然
終止，雙方的權利義務結束。根據大陸勞動保障部規定，勞動合同
的終止時間，為勞動合同期限最後一日的二十四時。❶若用人單位
違反勞動合同解除或終止的規定，則必須依照勞動合同法第八十七
條規定,「依照本法第四十七條規定的經濟補償標準的二倍向勞動者
支付賠償金」。

　　此外，根據勞動合同法第四十八條，若用人單位違反本法規定
解除或者終止勞動合同，而勞動者要求繼續履行勞動合同的，用人
單位應當繼續履行；勞動者不要求繼續履行勞動合同或者勞動合同
已經不能繼續履行的，用人單位應當依照本法第八十七條規定支付
賠償金。

　　依法續訂或依法延期勞動合同的情形，諸如勞動者在醫療期、
孕期、產期與哺乳期等。大陸勞動部《關於貫徹執行「中華人民共

---

❶　全國人大常委會法制工作委員會編,《中華人民共和國勞動合同法釋義》,
　　2007, 北京：法律出版社, 頁 165。

和國勞動法」若干問題的意見》(勞部發〔1995〕309 號)第三十四條規定,除勞動法第二十五條規定的情形外,勞動者在醫療期、孕期、產期和哺乳期內,勞動合同期限屆滿時,用人單位不得終止勞動合同。勞動合同的期限應自動延續至醫療期、孕期、產期和哺乳期期滿為止。勞動合同法第四十二條所規定的用人單位不得解除勞動合同的情形,同樣適用於勞動合同終止的禁止條款,但是其中關於「喪失或者部分喪失勞動能力勞動者的勞動合同的終止,按照國家有關工傷保險的規定執行」。

【案例】

　　程某自 1994 年即以開計程車為業,並參加某車行成為該計程車有限公司員工。程某與計程車公司並於 2000 年 1 月再次簽訂勞動合同,約定期限自 2000 年 1 月 1 日起至 2002 年 12 月 31 日止。但不幸的,程某因自身病情復發,不得已從 2002 年 8 月 1 日至 2002 年 12 月 1 日重病住院療養,直至同年 12 月 1 日出院。但其後程某一直處於休病期間,也未能至該計程車公司正常上班。到了 2002 年 12 月 25 日,計程車公司作出了《終止程某勞動合同的通知》並送達了程某,但程某一接到該通知書,認為自己是因為生病導致工作表現不佳,所以不同意被終止勞動合同,於是雙方發生爭議。程某向勞動爭議仲裁委員會申請仲裁,請求支付病休工資、醫療費等,並要求簽訂無固定期勞動合同。

　　程某主張並認為自己是因病休養以致無法正常到勤上班,並非因故意怠惰、曠職等原因而不去上班工作。但計程車公司卻主張,

程某的確有長期不工作的事實，而且根據其病情，程某再也無法長期從事相關工作，所以計程車公司本該有權在合同即將到期之前終止勞動合同，所以即在 2002 年 12 月 31 日那天勞動合同也將自行終止。仲裁委員會裁決計程車公司支付病假工資一次性支付醫藥費等，該車行不服，於 2003 年 8 月上訴到法院。

　　一審法院經審理認為，當事人簽訂的勞動合同為有效合同，其次，程某在履行勞動合同期間患病的醫療期滿時間為 2003 年 5 月；計程車公司在程某醫療期屆滿前，即作出與程某終止勞動合同的決定不當，應予撤銷，而且認為雙方的勞動關係仍然存續；並依此作出了判決。後計程車公司上訴。二審法院經審理認為，計程車公司與程某簽訂的勞動合同履行期限雖然至 2002 年 12 月 31 日屆滿，但程某尚處在病休期間，應確定其醫療期，勞動合同的期限應當順延至程某的醫療期期滿，計程車公司《終止程某勞動合同的通知》應予撤銷。❷⁰

【案例】

　　志榮是智力四級殘疾人士，1979 年 3 月開始在南寧市國豐造紙廠（國營企業）做計畫外臨時工。1987 年 1 月，志榮與該紙廠簽訂了為期一年的勞動合同，期滿後又續訂了為期五年的勞動合同。在合同履行期間原告多次因病住院，住院天數就達 411 天，加上原告是智力殘疾人士，不能勝任崗位工作，合同期滿後被告未與原告再續訂勞動合同，但也未及時辦理合同終止手續，而是安排原告做臨

---

❷⁰　案例來源：法律快車。

時工工作, 仍給原告發放合同制工人薪資至 1993 年 5 月, 同年 6 月開始改發放臨時工工資。1995 年 6 月, 被告終止了與原告的臨時工關係。志榮不服, 向南寧市勞動仲裁委員會申請仲裁, 要求與該紙廠續訂勞動合同。該仲裁委員會認為被告於合同期滿後依法終止合同並無不當, 同時裁決由被告妥善解決終止勞動合同後原告的有關待遇。志榮不服仲裁裁決, 進而向南寧市永新區人民法院提起訴訟, 要求與被告續訂勞動合同, 並要求從 1993 年 1 月 1 日起至補簽勞動合同生效時止, 由被告賠償由於其單方解除一切勞動關係而造成的經濟損失, 含應調薪資及勞保福利等方面的損失。

南寧市永新區人民法院經審理認為: 依據有關法律規定, 簽訂勞動合同應雙方自願, 現被告因原告是智力殘疾人士, 不能勝任崗位工作而不同意與其再簽訂勞動合同, 合理合法, 原告要求與被告續訂勞動合同的請求依法不能支持。原告要求被告賠償經濟損失, 既提不出具體的訴訟標的, 也並非被告故意拖延不與原告簽訂勞動合同所致, 故原告的這一主張依法也不應支持。勞動合同早已期滿, 被告應按有關規定與原告補辦終止合同手續, 並妥善落實終止合同後原告的有關待遇。據此, 依照勞動法第二十三條, 「國營企業實行勞動合同制暫行規定」第九條、第二十三條的規定及其他有關勞動合同的法律規定, 該院於 1996 年 7 月 12 日判決, 駁回原告志榮的訴訟請求, 該紙廠按原告在勞動合同履行期間 68 元的工資標準給付原告陳志榮 6 個月的生活補助費共 408 元。

宣判後, 原、被告雙方均沒有上訴, 判決已發生法律效力。❷❶

勞動合同的終止還包括「勞動者開始依法享受基本養老保險待

❷❶ 案例來源: 新勞動合同法資料站。

遇的」。由於自 1951 年開始，大陸退休制度於政府機關、城鎮企業和事業單位開始實行。根據有關政策和法律規定，職工達到退休年齡，亦即男性年滿六十歲、女性五十歲，女性管理階層幹部為五十五歲，工齡年限（連續工齡滿十年）和身體健康狀況的條件，即可以申請退休。從批准退休的第二個月開始，停發工資，按照工齡及其他條件支付個人工資一定比例的退休金，直至退休人員死亡。然而退休制度尚未全面落實，因此許多到達退休年齡的勞動者未必依法享受基本養老保險，因此勞動合同法著重於勞動者的享受基本養老保險待遇的情形，而非退休的事實。

【案例】

　　小慈在某電子公司擔任女清潔工已經八年了，平時工作認真負責，2006 年 6 月份，公司與小慈簽訂了一份勞動合同，合同期限為 1 年，2007 年 6 月份到期。到了 2006 年 11 月份，小慈年齡已經五十歲。同年 12 月份，公司主動向小慈出具了一份《終止勞動合同通知書》，通知書稱小慈已經年滿五十歲，達到國家法定退休年齡，不再具有法律意義上的勞動者身分，公司決定終止勞動合同，並不予支付經濟補償金。小慈認為自己工作認真，且體力健壯，所以不服，並認為雙方簽訂的勞動合同尚未到期，公司終止勞動合同不符合法律規定，應當支付經濟補償金。但公司堅決認為小慈已經達到退休年齡，公司有權終止勞動合同，不同意支付經濟補償金。小慈向當地勞動爭議仲裁委員會申請勞動仲裁，要求公司支付其解除勞動合同的經濟補償金。

　　當地勞動爭議仲裁機構受理此案以後，經審理認為，本案事實清楚，爭議的焦點在於勞動者達到退休年齡時，如勞動合同尚未到期，用人單位能否終止勞動合同。小慈與公司簽訂的合同至 2007 年 6 月份到期，鑑於小慈在 2006 年 11 月份已經年滿五十歲，已失去法律規定的勞動權利能力和行為能力，不具備簽訂勞動合同的合法主體資格，因此，該勞動合同自 2006 年 11 月份後的部分無效，公司提出終止勞動合同不違反有關法律規定，遂駁回小慈的申訴請求。

【案例】

　　李某於 1998 年 3 月 24 日到被告某製品公司從事會計工作，雙方簽訂勞動合同，合同期限自 2000 年 9 月 1 日至 2005 年 9 月 1 日。李某工作期間月平均工資為 2570 元。2000 年 6 月 5 日，李某經總工會決議擔任被告處的專職工會主席一職。2005 年 8 月 29 日，該公司向李某下達了《解除勞動合同通知書》，宣布自 2005 年 8 月 31 日起與原告解除勞動合同。

　　2005 年 9 月 14 日，李某向勞動爭議仲裁委員會申請勞動仲裁，請求該公司支付李某賠償金 6 萬餘元、經濟補償金 2 萬元及百分之五十的額外經濟補償金 1 萬元、違約金 7 萬餘元。該仲裁委員會經審理後，裁決該公司支付原告解除勞動合同經濟補償金 2 萬元，並駁回原告的其他仲裁請求。李某不服該裁決，上訴至法院。2006 年 1 月 26 日，該公司已支付原告經濟補償金 2 萬元。

　　原審法院認為，被告在合同未到期的情況下，向原告下達了《解除（終止）勞動合同通知書》，該通知書明確寫明被告決定自 2005 年

8 月 31 日起解除（終止）與原告簽訂的 5 年勞動合同，違反雙方所簽勞動合同的約定，應按勞動法第二十八條、《違反和解除勞動合同的經濟補償辦法》第十條的規定支付原告李某經濟補償金及額外經濟補償金。故扣除該公司已經支付李某的經濟補償金外，仍應支付 1 萬元的額外補償金，並駁回李某其他訴訟請求。其後，原、被告均提起上訴。李某上訴請求公司支付其因擔任工會主席期間被解除勞動合同的年收入兩倍的賠償金。該公司上訴請求撤銷原判，依法改判。

　　二審法院認為，按照法律規定，工會主席主張年收入二倍的賠償金應當是以其參加工會活動或履行工會法規定的職責而被解除勞動合同為前提，而李某與該公司解除勞動合同是因該公司認為雙方合同期滿不再與李某續簽勞動合同所致。因此，李某請求法院支持其年收入二倍的賠償金的請求，沒有法律依據。按照法律規定，工會主席在任職期間，用人單位除法定事由外不能擅自與其解除或終止勞動合同。2005 年 9 月 1 日，雙方簽訂的勞動合同終止，但該公司仍未舉行換屆選舉，李某作為工會主席仍在任期內，該公司在 2005 年 8 月 29 日作出的《解除（終止）勞動合同通知書》，無論是解除勞動合同，還是終止勞動合同，均不符合工會法的有關規定，故該公司應當向李某支付相應的經濟補償金及額外經濟補償金。綜上，原判並無不當，雙方的上訴理由均不充分，雙方的上訴請求，二審法院均不予支持。判決駁回上訴，維持原判。❷❷

---

❷❷　案例來源：法制日報。

2004 年 7 月 7 日，某建設公司聘用孫某為建築工地施工現場管理人員，在雙方簽訂的聘用合同約定中規定：合同期限為 2004 年 7 月 10 日至同年 10 月 31 日；勞動報酬為每月工資總額 1,200 元、出差補助 300 元；其中約定，孫某患病或非工傷經治療不能從事原工作也不能從事另行安排的工作，公司有權解除合同，但應提前 30 天以書面形式通知乙方；一方違約應給付對方以乙方三個月的工資總額計算的違約金等。

　　後來，孫某開始於 2004 年 7 月 10 日上班，同月 23 日在工作中因工地安全設施不良，孫某在閃避時不慎自己將腰扭傷致腰部舊病復發，該建設公司立即派人將其送至醫院就診，後又將其送回家中，隨後又到該市區較大醫院進行診療，讓孫某能夠獲得較好照顧來養傷，其間原告孫某共花去醫療、交通費用 590 元。到了 2004 年 8 月 30 日，該公司派人將孫某在工地上的生活用品、工作器具及半個月勞動報酬 750 元送回其住所，遭到孫某拒收。後孫某曾向某勞動爭議仲裁委員會申請仲裁，該委員會於 2004 年 9 月 6 日以超出受理範圍為由，拒不受理。孫某遂訴訟至法院，稱公司單方解除合同是違約行為，要求依合同約定給付勞動報酬 1,500 元、醫藥費用及車旅費 560 元、違約金 3,600 元，並承擔本案訴訟費用。

　　法院經審理認為：原、被告雙方簽訂的勞動合同為雙方的真實意思表示，且不違反法律、法規的規定，為有效合同，應受法律保護。原告孫某雖在工作中腰部疾病復發，但被告建設公司在無證據證明原告孫某因患病或非工傷經治療不能從事原工作，或不能從事另行安排的工作等情況下，派人將原告孫某的工作器具、生活用品

從工作住地送回其原先住所，並結算其實際工作的半個月的勞動報酬，加之原告孫某在很短的時間內即作出了維護權利行為，故有理由認定原告孫某的陳述是真實可信的；所以當被告建設公司在原告孫某病癒後準備上班時，告知原告不要上班，其行為應視為解除合同，同時，被告建設公司實施該行為前並未按合同約定提前 30 天書面通知原告，故被告的行為已構成違約，被告建設公司應依合同約定給付原告孫某違約金。其次，因建設公司按孫某實際付出的勞動結算的勞動報酬，並沒有違反合同及有關法律的規定。第三，孫某提出的有關醫療、交通費用的請求，因無合同和法律依據，故不應支持。❷❸

　　關於在解除或終止勞動合同後，若產生支付工資、經濟補償金、福利待遇等爭議，勞動者應當在多長期限內申請勞動仲裁的問題，「最高人民法院關於審理勞動爭議案件適用法律若干問題的解釋㈡」（法釋〔2006〕6 號）第一條規定，人民法院審理勞動爭議案件，對下列情形，視為勞動法第八十二條規定的「勞動爭議發生之日」，㈢勞動關係解除或者終止後產生的支付工資、經濟補償金、福利待遇等爭議，勞動者能夠證明用人單位承諾支付的時間為解除或者終止勞動關係後的具體日期的，用人單位承諾支付之日為勞動爭議發生之日。勞動者不能證明的，解除或者終止勞動關係之日為勞動爭議發生之日。

　　換言之，如用人單位向勞動者承諾支付，勞動者能夠舉證證明該承諾支付的時間為解除或者終止勞動關係後的具體日期的，則用

❷❸　案例來源：中國法院網。

人單位承諾支付之日為勞動爭議發生之日。例如勞動合同於 2 月 1 日解除，用人單位向勞動者承諾 8 月 31 日支付，則 8 月 31 日為勞動爭議發生之日。其次，用人單位未承諾或雖有承諾但勞動者無法證明的，解除或者終止勞動關係之日則為勞動爭議發生之日。但是，如果是用人單位方面無法證明勞動者收到解除或者終止勞動關係書面通知的時間者，則以該勞動爭議發生之日，或是以勞動者主張權利之日為準。

【案例】

　　小吳在某公司任採購員職務，公司經一段時日的觀察後，認為其不能勝任工作，於 2006 年 5 月 30 日提出解除合同。對於公司的決定，小吳提出要求，如果公司支付經濟補償金就同意解除合同。公司為了盡快辦理離職手續，口頭承諾在 10 月底支付，小吳用隨身帶的錄音機悄悄錄音，並辦理了離職手續。2006 年 10 月底，小吳來公司要求支付經濟補償金，公司人力資源主管卻予以拒絕。小吳於 11 月份申請勞動仲裁，公司以小吳的主張超過時效為由抗辯。小吳當庭提交了錄音證據，仲裁委最終認定小吳的請求尚在仲裁時效內，支持了小吳的請求。㉔

㉔　李迎春，《勞動合同法——案例精解與應對策略》，北京：法律出版社，2007，頁 151-152。

notebook

第 11 章

中國大陸個人所得稅的相關規定

　　大陸個人所得採屬地主義，按照「中華人民共和國個人所得稅法」第一條，「在中國境內有住所，或者無住所而在境內居住滿一年的個人，從中國境內和境外取得的所得，依照本法規定繳納個人所得稅。在中國境內無住所又不居住或者無住所而在境內居住不滿一年的個人，從中國境內取得的所得，依照本法規定繳納個人所得稅」。

　　所謂在中國境內有住所的個人，是指因戶籍、家庭、經濟利益關係而在中國境內習慣性居住的個人。值得注意的是，部分特定所得，不論支付地點是否在中國境內，均為來源於中國境內的所得，包括：

(1)因任職、受雇、履約等而在中國境內提供勞務取得的所得；

(2)將財產出租給承租人在中國境內使用而取得的所得；

(3)轉讓中國境內的建築物、土地使用權等財產或者在中國境內轉讓其他財產取得的所得；

(4)許可各種特許權在中國境內使用而取得的所得；

(5)從中國境內的公司、企業以及其他經濟組織或者個人取得的利息、股息、紅利所得。

　　個人所得稅的項目，包括工資、薪酬所得；個體工商戶的生產、

經營所得；對企事業單位的承包經營、承租經營所得；勞務報酬所得；稿酬所得；特許權使用費所得；利息、股息、紅利所得；財產租賃所得；財產轉讓所得；偶然所得；及經國務院財政部門確定徵稅的其他所得等。

　　個人應納稅所得額之形式，則包括現金、實物和有價證券。根據「中華人民共和國個人所得稅法實施條例」規定，所得為實物形式者，應當按照取得的憑證上所註明的價格計算應納稅所得額，或參照當地的市場價格核定應納稅所得額。許多國有企業以實物支付職工作為工資或獎金，應以市場價格折算所得額繳納所得稅。

　　若所得為非人民幣者，按照個人所得稅法實施條例第四十三條規定，所得為外國貨幣的，應當按照填開完稅憑證的上一月最後一日中國人民銀行公布的外匯牌價，折合成人民幣計算應納稅所得額。依照稅法規定，在年度終了後匯算清繳的，對已經按月或者按次預繳稅款的外國貨幣所得，不再重新折算；對應當補繳稅款的所得部分，按照上一納稅年度最後一日中國人民銀行公布的外匯牌價，折合成人民幣計算應納稅所得額。

　　大陸個人所得稅的徵繳，採取每月計徵方式，由企業為扣繳義務人代為扣繳，或由納稅義務人自行於次月七日內繳入國庫。一般而言，企業將職工每個月之工資、薪金等收入額減除固定的扣除額，根據 2007 年 12 月 19 日通過第五次修正的「個人所得稅法」，該減除費用調高為 2,000 元，扣除之後的餘額，則為職工每月應納稅所得額，換言之，職工每月薪資 2,000 元以下且無其他收入者，不會

被課徵所得稅。此外，外籍人士可再扣減附加減除費用 3,200 元，合計扣減 5,200 元，接著再乘上規定之稅率即為應納稅額。大陸個人所得稅亦採累進稅率，稅率從 5% 到 45%。

此外，個人所得稅法實施條例第二十五條還規定，單位為個人繳付和個人繳付的基本養老保險費、基本醫療保險費、失業保險費、住房公積金，從納稅義務人的應納稅所得額中扣除。因此除了固定的 2,000 元外，還有「三費一金」的扣除項目。

另外，大陸個人所得稅法規定某些津貼補貼或福利費為免稅項目，不必列入工資總額，例如：

⑴各級人民政府、國務院部委和中國人民解放軍軍以上單位，以及外國組織、國際組織頒發的科學、教育、技術、文化、衛生、體育、環境保護等方面的獎金；

⑵國債和國家發行的金融債券利息；

⑶按照國家統一規定發給的補貼、津貼；

⑷福利費、撫恤金、救濟金；

⑸保險賠款；

⑹軍人的轉業費、復員費；

⑺按照國家統一規定發給幹部、職工的安家費、退職費、退休工資、離休工資、離休生活補助費；

⑻依照我國有關法律規定應予免稅的各國駐華使館、領事館的外交代表、領事官員和其他人員的所得；

(9)中國政府參加的國際公約、簽訂的協議中規定免稅的所得；

(10)經國務院財政部門批准免稅的所得。

　　累進稅率的計算方式，可以參考累進稅率表：❶

級　數	全月應納稅所得額（單位：人民幣）	稅　率(%)
1	不超過 500 元的	5
2	超過 500 至 2,000 元的部分	10
3	超過 2,000 至 5,000 元的部分	15
4	超過 5,000 至 20,000 元的部分	20
5	超過 20,000 至 40,000 元的部分	25
6	超過 40,000 至 60,000 元的部分	30
7	超過 60,000 至 80,000 元的部分	35
8	超過 80,000 至 100,000 元的部分	40
9	超過 100,000 元的部分	45

註：本表所稱全月應納稅所得額是指依照本法第六條的規定，以每月收入額減除費用二千元後的餘額或者減除附加減除費用後的餘額。

　　大陸個人所得稅是採用分類稅制，除對工資薪金所得規定費用扣除標準外，還對勞務報酬、財產租賃、特許權使用費等分別歸屬不同的所得項目，有不同的減除費用標準和計徵辦法，分述如下：

(1)工資、薪酬所得，適用超額累進稅率，稅率為 5% 至 45%。

(2)個體工商戶的生產、經營所得和對企事業單位的承包經營、承租

❶　本表格引用自蕭新永，《大陸臺商人力資源管理》，臺北：商周文化，2007，頁 337-342。

經營所得，適用 5% 至 35% 的超額累進稅率。

(3)稿酬所得，適用比例稅率，稅率為 20%，並按應納稅額減徵 30%。

(4)勞務報酬所得，適用比例稅率，稅率為 20%。對勞務報酬所得一
次收入畸高的，可以實行加成徵收，具體辦法由國務院規定。

(5)特許權使用費所得，利息、股息、紅利所得，財產租賃所得，財
產轉讓所得，偶然所得和其他所得，適用比例稅率，稅率為 20%。

　　按照個人所得稅法實施條例的解釋，所謂的勞務報酬所得一次
收入畸高，是指個人一次取得勞務報酬，其應納稅所得額超過 20,000
元。對前款應納稅所得額超過 20,000 元至 50,000 元的部分，依照稅
法規定計算應納稅額後再按照應納稅額加徵五成；超過 50,000 元的
部分，加徵十成。

　　年所得十二萬以上的高所得者有自行申報的規定，如所得稅法
實施條例第三十六條，特別規定部分納稅義務人，必須按規定至主
管稅務機關辦理納稅申報：

(1)年所得十二萬元以上的；

(2)從中國境內二處或者二處以上取得工資、薪金所得的；

(3)從中國境外取得所得的；

(4)取得應納稅所得，沒有扣繳義務人的；

(5)國務院規定的其他情形。

　　年所得十二萬元以上的納稅義務人，在年度終了後三個月內到

主管稅務機關辦理納稅申報。其立法用意在於擴大納稅人自行申報範圍，加強對高收入者的徵管。新法明確個人所得超過一定數額（十二萬元人民幣）的高收入者必須依法自行申報，包括從大陸境內兩處，或者兩處以上取得一項或多項薪資所得，除扣繳義務人應向主管稅務機關報送其支付所得個人的基本資訊、支付所得數額、扣繳稅款的具體數額和總額，以及其他相關涉稅資訊外，對高收入者平時採取全員扣繳申報，每年年初自行申報納稅。同時建立支付所得的單位與取得所得的個人雙向申報，交叉稽核納稅制度等，以杜絕逃漏稅。❷

　　若以上海市為例，介紹員工繳納個人所得稅的計算方式。假設某員工月工資總額為人民幣 5,000 元，其應納所得稅如下表：

員工工資及負擔項目	金　額（單位：人民幣）
月工資總額	5,000
減除費用（扣）	2,000
養老保險費 (8%)	400
醫療保險費 (2%)	100
失業保險費 (1%)	50
住房公積金 (7%)	350
員工應納稅所得額	2,100
稅率 15%	－
員工應納所得稅	315

❷　蕭新永，《大陸臺商人力資源管理》，臺北：商周文化，2007，頁 332-336。

臺籍幹部須知的個人所得稅規定

按照大陸的「個人所得稅法」的規定，個人所得稅課徵的屬地原則，可以分為來源地和居住地兩種解釋。所謂的來源地解釋，可以根據個人所得稅法實施條例第五條第一項規定，來自於中國境內的工資，應為個人實際在中國境內工作期間而取得的工資。亦即該項所得不論在中國境內，或是在境外之企業（個人）支付的，都是屬於來源於中國境內的所得。因此臺籍幹部在大陸工作期間之所得，如果個人實際在中國境內工作期間取得的所得，不論是由中國境內或由境外企業或個人支付的，都屬於來源於中國境內的所得。

居住地的解釋是指在中國境內無住所，而在一個納稅年度內，在中國境內連續或累計居住不超過90天（持美國、加拿大、日本等國家護照居民則是183天）的個人，應僅就實際在中國境內工作期間，由中國境內企業或個人支付之工資申報所得稅，由中國境外企業所支付的所得則免徵所得稅。

在中國境內無住所，而在一個納稅年度內，於中國境內連續或累計工作期間超過90天（持美國、加拿大、日本等國家護照居民則是183天），但不滿一年的個人，其實際在中國境內工作期間所取得的工資，不論由境內企業支付或由境外企業支付，均應申報個人所得稅。但在中國境外工作期間所取得的工資，免徵個人所得稅。

詳言之，在中國境內無住所，但已住滿一年，不滿五年的個人，其在中國境內工作期間所取得不論是由境內企業和境外企業所支付

的工資，均應交納個人所得稅。如屬短期離境工作期間之工資所得，僅由中國境內企業或個人支付的部分申報納稅。

擔任企業董事或高層管理職務，包括公司總經理、副總經理、各職能總工程師，以及總會計師和總經濟師、總監等，從擔任該職務開始到解除職務為止，其間都應申報個人所得稅。其取得由中國境外企業所支付之工資，亦應按照上述之規定確定納稅義務。❸

免徵所得稅分析表如下：

所得來源	來源於境內所得		來源於境外所得	
支付地點 居住時間	由幹部於 境內給付	由境外給付	由境內給付	由境外給付
居住未超過 90 天	✓	✕	✕	✕
居住超過 90 天 不滿 1 年	✓	✓	✕	✕
居住滿 1 年 未滿 5 年	✓	✓	✓	✓
滿 5 年	✓	✓	✓	✓

註：1. ✓是指須課徵所得稅；✕是指免徵所得稅；
　　2. 上表所列居住不滿 1 年，係指在一個納稅年度內離境一次超過 30 天，或離境多次累計超過 90 天。如離境一次不超過 30 天，或離境多次累計不超過 90 天，則視同未離境，不得扣減天數。❹

如果臺籍幹部只在大陸工作期間支領由境內企業支付的所得，則其計算方式和大陸人民類似，包括減除費用 2,000 元，再加上附

---

❸　蕭新永，《大陸臺商人力資源管理》，臺北：商周文化，2007，頁 337-342。
❹　蕭新永，《大陸臺商人力資源管理》，臺北：商周文化，2007，頁 337-342。

加減除費用 3,200 元，合計 5,200 元。這樣做的理由是考慮到外籍人士的平均收入水平、生活水平與匯率變化所做的調整。

　　例如，某一臺籍幹部擔任大陸企業財務經理，他在大陸企業每月支領 4,000 元人民幣，在臺灣母公司也支領 40,000 元新臺幣，該幹部於 1994 年 1 月 1 日到大陸任職，到當年 12 月 31 日已滿一年，其間返臺休假一共四次，合計 40 天。換句話說，他在大陸實際工作期間為 325 天。根據大陸所得稅法相關規定，其在大陸境內 325 天工作期間取得由境內企業和境外企業支付的工資，均應在大陸繳交個人所得稅；其在臺灣 40 天工作期間取得的工資，屬於來源於中國境外的所得，可以只就在大陸境內企業支付的部分繳納個人所得稅。❺

　　關於包括臺籍幹部在內的外籍人士可免稅的所得，可以根據「關於個人所得稅若干政策問題的通知」（1994 年 5 月 13 日）規定，暫免徵收個人所得稅的項目，如下：

(1)外籍人士以非現金或實報實銷方式取得的住房補貼、伙食補貼、洗衣費、搬遷費。

(2)外籍個人按合理標準取得的境內外出差補貼。

(3)外籍個人取得的探親費、語言訓練費、子女教育費等，但須經當地稅務機關審批。

(4)外籍個人從外商投資企業取得的股息、紅利所得。

---

❺　蕭新永，《大陸臺商人力資源管理》，臺北：商周文化，2007，頁 337-342。

新修正的「個人所得稅法實施條例」的影響

其一，一戶式管理。「個人所得稅法實施條例」採取「一戶式」管理，即要解決目前個人所得申報無法綜合計算的弊病，稅務機關日後將透過資訊系統，整合個人資料並彙整計算綜合薪資所得，因此在大陸領取多份薪資的臺籍幹部繳納稅額有可能因此增加。

其二，全員全額扣繳申報。這是指扣繳義務人在代扣稅額的次月內，向主管稅務機關報送其支付所得個人的基本資訊，以及其他相關涉稅資訊。這個措施全面實施後，臺籍幹部從中國境內兩處或兩處以上取得工資、薪金所得和中國境外取得所得，且年度所得達人民幣十二萬元以上者，今後除了企業代扣代繳個人所得稅外，個人也必須自行申報。同時要藉由企業及個人雙向申報，交叉稽核納稅制度等，以杜絕逃漏稅。

其三，協稅制度的建立。個人所得的課稅基礎，將建立起所謂的「協稅制度」，特別是稅務局將與公安（出入境）、銀行、房管、交通、外匯等官方單位進行資料交換與連線作業，日後臺幹在大陸若有兩筆以上收入來源，或購買與申報收入不對稱的車輛或房地產，又無法說明資金合理來源者，將無所遁形。

其四，健全的薪資資料。部分臺資企業為了少繳員工的社會保險費用，可能會少報員工人數。但是，在辦法實施後，稅務機關可以要求企業應建立員工個人薪資資料，透過資料交換與社保名冊進行比對，企業可能會因此增加成本支出。

　　值得臺籍幹部注意的是,「全球所得」的稅務風險。由於連續在大陸工作超過五年後,可能被課徵「全球所得」稅。境外非薪資所得部分,外籍人士在大陸工作前五年內,一般是不課徵的。但如果超過五年,按新規定必須自行申報,也就是有被課稅的可能,這就是一般所謂的「全球所得」。因此,實務上有很多臺商及臺籍幹部必須在大陸待滿五年前,就自動離境超過 30 天,藉此來獲得另一個五年期間的重新計算,並達到降低被課徵全球所得的風險。❻

---

❻　蕭新永,《大陸臺商人力資源管理》,臺北:商周文化,2007,頁 337-342。

notebook

第*12*章
臺商對勞動合同法的因應策略

透過長短期策略因應勞動力成本的上升

由於企業對離職員工的經濟補償範圍擴大，因此無論是以提撥資金作為經濟補償的預備金或以其他方式支應，勢必都已增加龐大的企業勞動力成本。其次，目前大陸各地區推行最低工資標準制度。根據大陸國家統計局資料顯示，近年來，大陸的工資成長，平均每年都以 10% 左右速度成長，成為許多企業的沈重負擔。

對臺商而言，短期之內降低員工離職率，有利於經濟補償金的資金支出壓力。降低離職率的方式，技術上可以透過與員工簽訂期限較長的勞動合同，一方面得以減少眼前可能支出經濟補償金的機會，更重要的是，與員工簽訂較長期的勞動合同，有助於提升內部員工的穩定度，按照學習曲線的理論，員工可以累積經驗，提高生產效率。就目前仍存續的勞動合同而言，若即將到期，企業也應針對這些員工進行審視，對於工作表現佳的員工，應盡量予以慰留並續簽長期勞動合同。另外，在財務上也應該設法為長期的勞動力成本增加及早進行準備，包括員工離職經濟補償基金的提撥與管理。

在最低工資的逐漸上漲方面，雖然勞動力成本的上升，代表了企業競爭能力的下降，但由於其影響層面遍及所有在中國大陸設廠

設點的企業，對企業本身和競爭對手而言，都是相同的外部環境，而競爭能力是相對於競爭對手的能力值，因此企業不應過於高估最低工資所造成的競爭能力影響。事實上，問題並不單純在於工資上漲造成成本壓力。若重新檢視臺商企業的競爭能力可以發現，多數臺商企業都是採取成本領導的策略作為競爭優勢的來源，這些成本優勢的來源，主要就是仰賴地方政府所提供的優惠，包含土地、稅收、低勞動力成本，甚至地方政府給予特許而不需完全依照中央法令執行的方式，所取得的成本優勢，進而以此優勢，主攻國際市場或兼以部分內需市場。

近年來，大陸推出許多新政策，一連串取消投資優惠措施，包括取消外資企業租稅及土地優惠、降低出口退稅、增加出口產品限制等，加上兩稅合一，直接造成臺商企業的競爭優勢消失。因此，臺商企業應該要思考的不僅僅是成本提高的問題，而是究竟企業的競爭優勢應如何重新定位及獲取，長期而言，才有利於企業存續與發展。

檢視勞動合同的內容與企業規章制度

因應勞動合同法的施行，企業應盡快檢視與員工的勞動合同法內容是否合乎法律規定，檢視項目至少包括：

⑴僱主為勞動者提供教育訓練是否已於勞動契約中約定工作期限；

⑵僱主是否已確實保存提供專項培訓的支付憑證，並根據實際發生的費用確定違約金；

(3)雇主對有保密義務的勞工，應約定保密及競業禁止條款，應包含限制之內容、範圍、地域和期限；

(4)雇主支付經濟補償的方式乃按月支付，勞資雙方是否已進行具體數額之協商；

(5)勞工違反競業禁止規定，需要支付的違約金數額，勞資雙方是否已進行協商；

(6)目前勞動合同中是否存在超越法律規定設立的違約金無效條款；

(7)法律對雇主承擔違約金並未予以禁止性規定，因此臺商應檢視目前勞動合同中，雇主需承擔違約金之相關條文之適切性❶。

在試用期的部分，勞動合同期限三個月以上不滿一年的，試用期不得超過一個月；勞動合同期限一年以上不滿三年的，試用期不得超過二個月；三年以上固定期限和無固定期限的勞動合同，試用期不得超過六個月。同時試用期包含在勞動合同期限內。試用期規定比以前更嚴格。同時勞動者在試用期的工資不得低於本單位相同崗位最低工資或者勞動合同約定工資的 80%，這意味著用人單位隨意約定試用期工資的行為結束了，如果發生勞動爭議時，用人單位要負起相同崗位最低工資是多少的舉證責任。企業違法約定的試用期已經履行的，由用人單位以勞動者試用期滿月工資為標準，按已經履行的超過法定試用期的期間向勞動者支付賠償金。事實上，企

---

❶ 王煦棋、方立維，〈大陸新勞動合同法重點解析與因應〉，《兩岸經貿月刊》，2007 年 9 月號。

業應該要重視的面向，並不在於試用期長短，而在於試用績效考核與管理。

　　在約定違約金方面，應特別注意約定由勞動者承擔的違約金，僅限於培訓服務期與競業限制兩種。此外，新法規定只有用人單位提供的專項培訓項目，才能約定服務期條件，且違約金標準是專項培訓費用範圍內的金額；同時新法規定，企業可以約定競業限制條款的條件，且限制在二年的競業限制期限、約定每月支付的補償金標準、以及勞動者違約的違約金額標準。另外，對專項培訓的種類、崗位條件、會計科目都要加以細化規範，以及對競業限制的種類、範圍、地域、期限、崗位條件、每月支付補償金額、員工違約金額都要加以細化規範❷。

　　對於企業規章制度的檢視，更是檢視工作重要的一環。「最高人民法院關於審理勞動爭議案件適用法律若干問題的解釋」第十九條規定，用人單位根據勞動法第四條之規定，通過民主程序制定的規章制度，不違反國家法律、行政法規及政策規定，並已向勞動者公示的，可以作為人民法院審理勞動爭議案件的依據。

　　規章制度的制定必須經民主程序，為了避免今後發生糾紛時難以舉證，用人單位應當保留與職工代表大會或者全體職工討論或協商的書面證據。另外注意的是，這裡所稱的規章制度是指勞動報酬、工作時間、休息休假、勞動安全衛生、保險福利、職工培訓、勞動

---

❷　蕭新永，〈從員工管理角度談臺商對勞動合同法實施的因應對策〉，《兩岸經貿月刊》，2008 年 1 月號。

紀律及勞動定額管理等直接涉及勞動者切身利益的制度，並非用人單位所有制度。比如用人單位的財務制度、車輛管理制度、合同管理制度等就不屬於勞動合同法所指的規章制度。

雇主於訂立、修改有關工資、工作時間、休息休假、勞動安全衛生、保險福利、職工培訓、勞動紀律以及勞動定額管理等涉及勞動者切身利益的規章制度或者重大事項時，應當經職工代表大會或者全體職工討論，提出方案和意見，與工會或者職工代表平等協商確定；其次，如該勞動合同係屬雇主單方面制訂、修改或決定涉及到勞工切身利益的規章制度或者重大事項，該規章制度和重大事項無效；第三，勞動合同必須通過職代會或全體職工討論，最後經工會或者職工代表協商後確定；第四，另該法亦規定雇主應將直接涉及勞工利益的規章制度和重大事項決定應公示或告知勞工，未經過公示或者告知程序者，該協定無效。

尊重工會角色與建立良好的互動關係

在中國大陸的社會主義思維之下，工會代表了廣大人民的權益保護者之一，企業在了解這個思維之後，應採取對工會尊重的態度，雖然在西方資本主義社會中，工會與資方往往對立抗衡，然而，大陸的工會並非為對抗企業而生，因此對工會的尊重又有其必要性。其次，許多勞資雙方產生爭議的情形，經常可以仰賴工會居中協調解決，是故與工會維持良好的互動機制，也有利於強化與員工的勞動關係。

參考文獻

一、中文期刊

吳宏翔，〈中國勞動合同法剖析〉，臺北，《臺灣勞工雙月刊》，2008 年 3 月，第 12 期，頁 52-61。

呂觀文，〈大陸新勞動合同法與臺商的因應策略〉，臺北，《證券櫃檯》，2008 年 2 月，第 133 期，頁 68-74。

林振芳，〈由大陸勞動合同法草案之規定以觀兩岸對於離職後競業禁止條款之效力認定問題〉，臺北，《法令月刊》，2007 年 3 月，第 58 卷第 3 期，頁 74-89。

姜志俊，〈臺商如何因應中國大陸「勞動合同法」〉，臺北，《展望與探索》，2007 年 9 月，第 5 卷第 9 期，頁 85-91。

倪維，〈新「勞動合同法」上路，臺商如何解讀及因應?〉，臺北，《電路版會刊》，2007 年，第 38 期，頁 32-51。

袁明仁，〈臺商如何掌握中國大陸勞動合同法及新企所稅法的最新規定、實施現況、因應對策及案例解析〉，臺北，《紡織月刊》，2008 年 3 月，第 141 期，頁 16-27。

二、中文書目

《中國勞動年鑑》，北京：中國勞動，1993。

《中國勞動統計年鑑》，北京：中國統計，2004。

《中國勞動統計年鑑》，北京：中國勞動，1991。

中國勞動學會，《中國社會主義勞動工資問題》，北京：勞動人事，1989。

中國勞動學會，《世紀末的挑戰：中國 20 世紀 90 年代面臨的就業問題與對策》，北京：中國勞動，1992。

中國勞動關係學院學報編輯部，《中國勞動關係學院學報》，北京：中國勞動關係學院學報，2005。

中國勞動關係學院學報編輯部，《中國勞動和社會保障年鑑》，北京：中國勞動關係學院，2001。

孔涇源編著，《中國勞動力市場發展與政策研究》，北京：中國計劃出版社，2006。

王淑煥，《勞動合同實務指南》，北京：知識產權出版，2004。

全國人大常委會法制工作委員會編，《中華人民共和國勞動合同法釋義》，北京：法律出版社，2007。

何軍主編，《勞動與社會保障》，第二版，遼寧：東北財經大學出版社，2007。

余雲霞，《國際勞工標準：演變與爭議》，北京：社會科學文獻出版社，2006。

李中斌編著，《勞動經濟學》，北京：中國社會科學出版社，2007。

李迎春，《勞動合同法——案例精解與應對策略》，北京：法律出版社，2007。

李彥銳，《中國大陸勞動合同制度之研究》，臺北：國立政治大學勞工研究所碩士論文，1996。

李琪，《改革與修復：當代中國國有企業的勞動關係研究》，北京：中國勞動社會保障出版社，2003。

沈緯瑩，《勞動合同案例評析》，北京：中國政法大學，1995。

岳經綸，《中國勞動政策：市場化與全球化的視野》，北京：社會科學文獻出版社，2007。

林嘉主編，《勞動合同法條文評注與適用》，北京：人民大學出版社，2007。

法律出版社編，《中華人民共和國勞動爭議調解仲裁法》，北京：法律出版社，2008。

唐鑛，《勞動合同制操作指南》，北京：企業管理出版社，1995。

夏積智，《什麼是全員勞動合同制》，北京：紅旗出版社，1993。

孫延祐主編，《人力資源經理勞動合同法實務手冊》，北京：企業管理出版社，2007。

孫曉靂，《中國勞動改造制度的理論與實踐：歷史與現實》，北京：中國政法大學，1994。

徐林清，《中國勞動力市場分割問題研究》，北京：經濟科學出版社，2006。

袁倫渠，《中國勞動經濟史》，北京：北京經濟學院，1992。

馬特，《WTO 與中國勞動法律制度的衝擊與規避》，北京：中國城市出版，2001。

張左己，《中國勞動體制改革研究》，北京：中國勞動，1994。

張彥寧、陳蘭通主編，《2007 中國企業勞動關係狀況報告》，北京：企業管理出版社，2007。

張彥寧、陳蘭通主編，《企業勞動關係案例解析》，北京：企業管理出版社，2006。

張暎碩，《當代中國勞動制度變化與工會功能的轉變》，保定：河北大學，2004。

曹鳳月，《企業道德責任論：企業與利益關係者的和諧與共生》，北京：社會科學文獻出版社，2006。

許勝凱，《中國勞動保險制度改革之分析：論臺灣相關制度之比較》，嘉義：國立中正大學社會福利研究所碩士論文，2002。

郭婕編，《勞動爭議典型案例解析》，北京：中國工人出版社，2007。

郭慶松、劉建洲、李婷玉，《新形勢下國有企業勞動關係研究》，北京：中國社會科學出版社，2007。

陸敬波，《勞動合同法 HR 應用指南・勞動爭議的預防與應對》，北京：中國社會科學，2007。

陸銘，《勞動和人力資源經濟學：經濟體制與公共政策》，上海人民出版社，2007。

程延國編著，《勞動關係》，第二版，北京：法律出版社，2007。

黃丙志，《農村勞動力轉移與社會保障》，上海社會科學院出版社，2007。

黃松有主編，《勞動爭議司法解釋實例釋解》，北京：人民法院出版社，2006。

黃河濤，《經濟全球化與中國勞動關係重建》，北京：社會科學文獻出版社，2006。

楊炳芝、吳思，《中國全員勞動合同制總覽》，北京：今日中國，1993。

葉靜漪、周長征主編，《社會正義的十年探索：中國與國外勞動法制改革比較研究》，北京：北京大學出版社，2007。

董保華，《十大熱點事件透視勞動合同法》，北京：法律出版社，2007。

董保華、董潤青編著，《最新勞動合同法案例解讀》，北京：法律出版社，2007。

賈湛，《中國勞動人事百科全書》，北京：兵器工業，1991。

靳毅民，《勞動價值論的新認識》，北京：經濟科學出版社，2007。

廖名宗、翟玉娟、向明華編著，《中華人民共和國勞動合同法精解》，北京：法律出版社，2007。

齊志榮、徐小洪，《中國勞動關係導論》，杭州：浙江人民出版社，1995。

劉永佶，《勞動社會主義》，北京：中國經濟出版社，2007。

劉玉方，《分化與協調：國有企業各職工群及其利益關係》，北京：社會科學文獻出版社，2005。

劉貫學，《中國勞動法全書》，北京：新華出版社，1994。

劉新林，《中華人民共和國勞動合同法通釋》，北京：中國經濟出版社，2007。

蔡昉，《中國勞動力市場轉型與發育》，北京：商務印書館，2005。

鄭功成，程延圓主編，《中華人民共和國勞動合同法釋義與案例分析》，北京：人民出版社，2007。

盧愛紅，《勞動合同管理》，北京：紅旗出版社，1997。

蕭新永，《大陸臺商人力資源管理：完全活用「勞動合同法」》，臺北：商周出版，2008。

戴園晨，《中國勞動力市場培育與工資改革》，北京：中國勞動出版社，1994。

謝良敏編著，《勞動維權案例評析》，北京：法律出版社，2007。

韓兆洲，《勞動工資與社會保障：廣東最低工資調研的統計測算模型研究》，北京：經濟科學出版社，2006。

附 錄

- 中華人民共和國勞動法
- 中華人民共和國勞動合同法
- 中華人民共和國勞動合同法實施條例

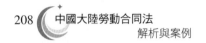

附錄一

中華人民共和國勞動法

1994 年 7 月 5 日中華人民共和國主席令第 28 號公布，自 1995 年 1 月 1 日起施行

第一章　總　則

第一條　為了保護勞動者的合法權益，調整勞動關係，建立和維護適應社會主義市場經濟的勞動制度，促進經濟發展和社會進步，根據憲法，制定本法。

第二條　在中華人民共和國境內的企業、個體經濟組織（以下統稱用人單位）和與之形成勞動關係的勞動者，適用本法。

國家機關、事業組織、社會團體和與之建立勞動合同關係的勞動者，依照本法執行。

第三條　勞動者享有平等就業和選擇職業的權利、取得勞動報酬的權利、休息休假的權利、獲得勞動安全衛生保護的權利、接受職業技能培訓的權利、享受社會保險和福利的權利、提請勞動爭議處理的權利以及法律規定的其他勞動權利。勞動者應當完成勞動任務，提高職業技能，執行勞動安全衛生規程，遵守勞動紀律和職業道德。

第四條　用人單位應當依法建立和完善規章制度，保障勞動者享有勞動權利和履行勞動義務。

第五條　國家採取各種措施，促進勞動就業，發展職業教育，制定勞動標準，調節社會收入，完善社會保險，協調勞動關係，逐步提高勞動者的生活水準。

第六條　國家提倡勞動者參加社會義務勞動，開展勞動競賽和合理化建議活動，鼓勵和保護勞動者進行科學研究、技術革新和發明創造，表彰和獎勵勞動模範和先進工作者。

第七條　勞動者有權依法參加和組織工會。工會代表和維護勞動者的

合法權益，依法獨立自主地開展活動。

第八條　勞動者依照法律規定，通過職工大會、職工代表大會或者其他形式，參與民主管理或者就保護勞動者合法權益與用人單位進行平等協商。

第九條　國務院勞動行政部門主管全國勞動工作。縣級以上地方人民政府勞動行政部門主管本行政區域內的勞動工作。

第二章　促進就業

第十條　國家通過促進經濟和社會發展，創造就業條件，擴大就業機會。國家鼓勵企業、事業組織、社會團體在法律、行政法規規定的範圍內興辦產業或者拓展經營，增加就業。國家支援勞動者自願組織起來就業和從事個體經營實現就業。

第十一條　地方各級人民政府應當採取措施，發展多種類型的職業介紹機構，提供就業服務。

第十二條　勞動者就業，不因民族、種族、性別、宗教信仰不同而受歧視。

第十三條　婦女享有與男子平等的就業權利。在錄用職工時，除國家規定的不適合婦女的工種或者崗位外，不得以性別為由拒絕錄用婦女或者提高對婦女的錄用標準。

第十四條　殘疾人、少數民族人員、退出現役的軍人的就業，法律、法規有特別規定的，從其規定。

第十五條　禁止用人單位招用未滿十六歲的未成年人。
文藝、體育和特種工藝單位招用未滿十六周歲的未成年人，必須依照國家有關規定，履行審批手續，並保障其接受義務教育的權利。

第三章　勞動合同和集體合同

第十六條 勞動合同是勞動者與用人單位確立勞動關係、明確雙方權利和義務的協議。建立勞動關係應當訂立勞動合同。

第十七條 訂立和變更勞動合同，應當遵循平等自願、協商一致的原則，不得違反法律、行政法規的規定。勞動合同依法訂立即具有法律約束力，當事人必須履行勞動合同規定的義務。

第十八條 下列勞動合同無效：

㈠違反法律、行政法規的勞動合同；

㈡採取欺詐、威脅等手段訂立的勞動合同。

無效的勞動合同，從訂立的時候起，就沒有法律約束力。確認勞動合同部分無效的，如果不影響其餘部分的效力，其餘部分仍然有效。勞動合同的無效，由勞動爭議仲裁委員會或者人民法院確認。

第十九條 勞動合同應當以書面形式訂立，並具備以下條款：

㈠勞動合同期限；

㈡工作內容；

㈢勞動保護和勞動條件；

㈣勞動報酬；

㈤勞動紀律；

㈥勞動合同終止的條件；

㈦違反勞動合同的責任。

勞動合同除前款規定的必備條款外，當事人可以協商約定其他內容。

第二十條 勞動合同的期限分為有固定期限、無固定期限和以完成一定的工作為期限。勞動者在同一用人單位連續工作滿十年以上，當事人雙方同意續延勞動合同的，如果勞動者提出訂立無固定期限的勞動合同，應當訂立無固定期限的勞動合同。

第二十一條　勞動合同可以約定試用期。試用期最長不得超過六個月。

第二十二條　勞動合同當事人可以在勞動合同中約定保守用人單位商業秘密的有關事項。

第二十三條　勞動合同期滿或者當事人約定的勞動合同終止條件出現，勞動合同即行終止。

第二十四條　經勞動合同當事人協商一致，勞動合同可以解除。

第二十五條　勞動者有下列情形之一的,用人單位可以解除勞動合同：

㈠在試用期間被證明不符合錄用條件的；

㈡嚴重違反勞動紀律或者用人單位規章制度的；

㈢嚴重失職，營私舞弊，對用人單位利益造成重大損害的；

㈣被依法追究刑事責任的。

第二十六條　有下列情形之一的，用人單位可以解除勞動合同，但是應當提前三十日以書面形式通知勞動者本人：

㈠勞動者患病或者非因工負傷，醫療期滿後，不能從事原工作也不能從事由用人單位另行安排的工作的；

㈡勞動者不能勝任工作，經過培訓或者調整工作崗位，仍不能勝任工作的；

㈢勞動合同訂立時所依據的客觀情況發生重大變化，致使原勞動合同無法履行，經當事人協商不能就變更勞動合同達成協議的。

第二十七條　用人單位瀕臨破產進行法定整頓期間或者生產經營狀況發生嚴重困難，確需裁減人員的，應當提前三十日向工會或者全體職工說明情況，聽取工會或者職工的意見，經向勞動行政部門報告後，可以裁減人員。用人單位依據本條規定裁減人員，在六個月內錄用人員的，應當優先錄用被裁減的人員。

第二十八條　用人單位依據本法第二十四條、第二十六條、第二十七條的規定解除勞動合同的，應當依照國家有關規定給予經濟補償。

第二十九條　勞動者有下列情形之一的，用人單位不得依據本法第二十六條、第二十七條的規定解除勞動合同：

　　㈠患職業病或者因工負傷並被確認喪失或者部分喪失勞動能力的；

　　㈡患病或者負傷，在規定的醫療期內的；

　　㈢女職工在孕期、產期、哺乳期內的；

　　㈣法律、行政法規規定的其他情形。

第三十條　用人單位解除勞動合同，工會認為不適當的，有權提出意見。如果用人單位違反法律、法規或者勞動合同，工會有權要求重新處理；勞動者申請仲裁或者提起訴訟的，工會應當依法給予支持和幫助。

第三十一條　勞動者解除勞動合同，應當提前三十日以書面形式通知用人單位。

第三十二條　有下列情形之一的，勞動者可以隨時通知用人單位解除勞動合同：

　　㈠在試用期內的；

　　㈡用人單位以暴力、威脅或者非法限制人身自由的手段強迫勞動的；

　　㈢用人單位未按照勞動合同約定支付勞動報酬或者提供勞動條件的。

第三十三條　企業職工一方與企業可以就勞動報酬、工作時間、休息休假、勞動安全衛生、保險福利等事項，簽訂集體合同。

　　集體合同草案應當提交職工代表大會或者全體職工討論通過。

集體合同由工會代表職工與企業簽訂；沒有建立工會的企業，由職工推舉的代表與企業簽訂。

第三十四條　集體合同簽訂後應當報送勞動行政部門；勞動行政部門自收到集體合同文本之日起十五日內未提出異議的，集體合同即行生效。

第三十五條　依法簽訂的集體合同對企業和企業全體職工具有約束力。職工個人與企業訂立的勞動合同中勞動條件和勞動報酬等標準不得低於集體合同的規定。

第四章　工作時間和休息休假

第三十六條　國家實行勞動者每日工作時間不超過八小時、平均每週工作時間不超過四十四小時的工時制度。

第三十七條　對實行計件工作的勞動者，用人單位應當根據本法第三十六條規定的工時制度合理確定其勞動定額和計件報酬標準。

第三十八條　用人單位應當保證勞動者每週至少休息一日。

第三十九條　企業因生產特點不能實行本法第三十六條、第三十八條規定的，經勞動行政部門批准，可以實行其他工作和休息辦法。

第四十條　用人單位在下列節日期間應當依法安排勞動者休假：

㈠元旦；

㈡春節；

㈢國際勞動節；

㈣國慶日；

㈤法律、法規規定的其他休假節日。

第四十一條　用人單位由於生產經營需要，經與工會和勞動者協商後可以延長工作時間，一般每日不得超過一小時；因特殊

原因需要延長工作時間的，在保障勞動者身體健康的條件下延長工作時間每日不得超過三小時，但是每月不得超過三十六小時。

第四十二條　有下列情形之一的，延長工作時間不受本法第四十一條的限制：

　　㈠發生自然災害、事故或者因其他原因，威脅勞動者生命健康和財產安全，需要緊急處理的；

　　㈡生產設備、交通運輸線路、公共設施發生故障，影響生產和公眾利益，必須及時搶修的；

　　㈢法律、行政法規規定的其他情形。

第四十三條　用人單位不得違反本法規定延長勞動者的工作時間。

第四十四條　有下列情形之一的，用人單位應當按照下列標準支付高於勞動者正常工作時間工資的工資報酬：

　　㈠安排勞動者延長工作時間的，支付不低於工資的百分之一百五十的工資報酬；

　　㈡休息日安排勞動者工作又不能安排補休的，支付不低於工資的百分之二百的工資報酬；

　　㈢法定休假日安排勞動者工作的，支付不低於工資的百分之三百的工資報酬。

第四十五條　國家實行帶薪年休假制度。

　　勞動者連續工作一年以上的，享受帶薪年休假。具體辦法由國務院規定。

第五章　工　資

第四十六條　工資分配應當遵循按勞分配原則，實行同工同酬。工資水準在經濟發展的基礎上逐步提高。國家對工資總量實行宏觀調控。

第四十七條　用人單位根據本單位的生產經營特點和經濟效益，依法自主確定本單位的工資分配方式和工資水準。

第四十八條　國家實行最低工資保障制度。最低工資的具體標準由省、自治區、直轄市人民政府規定，報國務院備案。用人單位支付勞動者的工資不得低於當地最低工資標準。

第四十九條　確定和調整最低工資標準應當綜合參考下列因素：

　　㈠勞動者本人及平均贍養人口的最低生活費用；

　　㈡社會平均工資水準；

　　㈢勞動生產率；

　　㈣就業狀況；

　　㈤地區之間經濟發展水準的差異。

第五十條　工資應當以貨幣形式按月支付給勞動者本人。不得克扣或者無故拖欠勞動者的工資。

第五十一條　勞動者在法定休假日和婚喪假期間以及依法參加社會活動期間，用人單位應當依法支付工資。

第六章　勞動安全衛生

第五十二條　用人單位必須建立、健全勞動安全衛生制度，嚴格執行國家勞動安全衛生規程和標準，對勞動者進行勞動安全衛生教育，防止勞動過程中的事故，減少職業危害。

第五十三條　勞動安全衛生設施必須符合國家規定的標準。

　　新建、改建、擴建工程的勞動安全衛生設施必須與主體工程同時設計、同時施工、同時投入生產和使用。

第五十四條　用人單位必須為勞動者提供符合國家規定的勞動安全衛生條件和必要的勞動防護用品，對從事有職業危害作業的勞動者應當定期進行健康檢查。

第五十五條　從事特種作業的勞動者必須經過專門培訓並取得特種作

業資格。

第五十六條　勞動者在勞動過程中必須嚴格遵守安全操作規程。勞動者對用人單位管理人員違章指揮、強令冒險作業，有權拒絕執行；對危害生命安全和身體健康的行為，有權提出批評、檢舉和控告。

第五十七條　國家建立傷亡事故和職業病統計報告和處理制度。縣級以上各級人民政府勞動行政部門、有關部門和用人單位應當依法對勞動者在勞動過程中發生的傷亡事故和勞動者的職業病狀況，進行統計、報告和處理。

第七章　女職工和未成年工特殊保護

第五十八條　國家對女職工和未成年工實行特殊勞動保護。

未成年工是指年滿十六周歲未滿十八周歲的勞動者。

第五十九條　禁止安排女職工從事礦山井下、國家規定的第四級體力勞動強度的勞動和其他禁忌從事的勞動。

第六十條　不得安排女職工在經期從事高處、低溫、冷水作業和國家規定的第三級體力勞動強度的勞動。

第六十一條　不得安排女職工在懷孕期間從事國家規定的第三級體力勞動強度的勞動和孕期禁忌從事的勞動。對懷孕七個月以上的女職工，不得安排其延長工作時間和夜班勞動。

第六十二條　女職工生育享受不少於九十天的產假。

第六十三條　不得安排女職工在哺乳未滿一周歲的嬰兒期間從事國家規定的第三級體力勞動強度的勞動和哺乳期禁忌從事的其他勞動，不得安排其延長工作時間和夜班勞動。

第六十四條　不得安排未成年工從事礦山井下、有毒有害、國家規定的第四級體力勞動強度的勞動和其他禁忌從事的勞動。

第六十五條　用人單位應當對未成年工定期進行健康檢查。

第八章　職業培訓

第六十六條　國家通過各種途徑，採取各種措施，發展職業培訓事業，開發勞動者的職業技能，提高勞動者素質，增強勞動者的就業能力和工作能力。

第六十七條　各級人民政府應當把發展職業培訓納入社會經濟發展的規劃，鼓勵和支援有條件的企業、事業組織、社會團體和個人進行各種形式的職業培訓。

第六十八條　用人單位應當建立職業培訓制度，按照國家規定提取和使用職業培訓經費，根據本單位實際，有計劃地對勞動者進行職業培訓。

從事技術工種的勞動者，上崗前必須經過培訓。

第六十九條　國家確定職業分類，對規定的職業制定職業技能標準，實行職業資格證書制度，由經過政府批准的考核鑒定機構負責對勞動者實施職業技能考核鑒定。

第九章　社會保險和福利

第七十條　國家發展社會保險事業，建立社會保險制度，設立社會保險基金，使勞動者在年老、患病、工傷、失業、生育等情況下獲得幫助和補償。

第七十一條　社會保險水準應當與社會經濟發展水準和社會承受能力相適應。

第七十二條　社會保險基金按照保險類型確定資金來源，逐步實行社會統籌。用人單位和勞動者必須依法參加社會保險，繳納社會保險費。

第七十三條　勞動者在下列情形下，依法享受社會保險待遇：

㈠退休；

㈡患病、負傷;

㈢因工傷殘或者患職業病;

㈣失業;

㈤生育。

勞動者死亡後,其遺屬依法享受遺屬津貼。勞動者享受社會保險待遇的條件和標準由法律、法規規定。勞動者享受的社會保險金必須按時足額支付。

第七十四條 社會保險基金經辦機構依照法律規定收支、管理和運營社會保險基金,並負有使社會保險基金保值增值的責任。

社會保險基金監督機構依照法律規定,對社會保險基金的收支、管理和運營實施監督。社會保險基金經辦機構和社會保險基金監督機構的設立和職能由法律規定。任何組織和個人不得挪用社會保險基金。

第七十五條 國家鼓勵用人單位根據本單位實際情況為勞動者建立補充保險。

國家提倡勞動者個人進行儲蓄性保險。

第七十六條 國家發展社會福利事業,興建公共福利設施,為勞動者休息、休養和療養提供條件。

用人單位應當創造條件,改善集體福利,提高勞動者的福利待遇。

第十章 勞動爭議

第七十七條 用人單位與勞動者發生勞動爭議,當事人可以依法申請調解、仲裁、提起訴訟,也可以協商解決。調解原則適用於仲裁和訴訟程式。

第七十八條 解決勞動爭議,應當根據合法、公正、及時處理的原則,依法維護勞動爭議當事人的合法權益。

第七十九條　勞動爭議發生後，當事人可以向本單位勞動爭議調解委員會申請調解；調解不成，當事人一方要求仲裁的，可以向勞動爭議仲裁委員會申請仲裁。當事人一方也可以直接向勞動爭議仲裁委員會申請仲裁。對仲裁裁決不服的，可以向人民法院提起訴訟。

第八十條　在用人單位內，可以設立勞動爭議調解委員會。勞動爭議調解委員會由職工代表、用人單位代表和工會代表組成。勞動爭議調解委員會主任由工會代表擔任。勞動爭議經調解達成協定的，當事人應當履行。

第八十一條　勞動爭議仲裁委員會由勞動行政部門代表、同級工會代表、用人單位方面的代表組成。勞動爭議仲裁委員會主任由勞動行政部門代表擔任。

第八十二條　提出仲裁要求的一方應當自勞動爭議發生之日起六十日內向勞動爭議仲裁委員會提出書面申請。仲裁裁決一般應在收到仲裁申請的六十日內作出。對仲裁裁決無異議的，當事人必須履行。

第八十三條　勞動爭議當事人對仲裁裁決不服的，可以自收到仲裁裁決書之日起十五日內向人民法院提起訴訟。一方當事人在法定期限內不起訴又不履行仲裁裁決的，另一方當事人可以申請人民法院強制執行。

第八十四條　因簽訂集體合同發生爭議，當事人協商解決不成的，當地人民政府勞動行政部門可以組織有關各方協調處理。因履行集體合同發生爭議，當事人協商解決不成的，可以向勞動爭議仲裁委員會申請仲裁；對仲裁裁決不服的，可以自收到仲裁裁決書之日起十五日內向人民法院提起訴訟。

第十一章　監督檢查

第八十五條　縣級以上各級人民政府勞動行政部門依法對用人單位遵守勞動法律、法規的情況進行監督檢查，對違反勞動法律、法規的行為有權制止，並責令改正。

第八十六條　縣級以上各級人民政府勞動行政部門監督檢查人員執行公務，有權進入用人單位瞭解執行勞動法律、法規的情況，查閱必要的資料，並對勞動場所進行檢查。

縣級以上各級人民政府勞動行政部門監督檢查人員執行公務，必須出示證件，秉公執法並遵守有關規定。

第八十七條　縣級以上各級人民政府有關部門在各自職責範圍內，對用人單位遵守勞動法律、法規的情況進行監督。

第八十八條　各級工會依法維護勞動者的合法權益，對用人單位遵守勞動法律、法規的情況進行監督。任何組織和個人對於違反勞動法律、法規的行為有權檢舉和控告。

第十二章　法律責任

第八十九條　用人單位制定的勞動規章制度違反法律、法規規定的，由勞動行政部門給予警告，責令改正；對勞動者造成損害的，應當承擔賠償責任。

第九十條　用人單位違反本法規定，延長勞動者工作時間的，由勞動行政部門給予警告，責令改正，並可以處以罰款。

第九十一條　用人單位有下列侵害勞動者合法權益情形之一的，由勞動行政部門責令支付勞動者的工資報酬、經濟補償，並可以責令支付賠償金：

　　㈠克扣或者無故拖欠勞動者工資的；

　　㈡拒不支付勞動者延長工作時間工資報酬的；

　　㈢低於當地最低工資標準支付勞動者工資的；

　　㈣解除勞動合同後，未依照本法規定給予勞動者經濟補
　　　償的。

第九十二條　用人單位的勞動安全設施和勞動衛生條件不符合國家規
　　　　　　　定或者未向勞動者提供必要的勞動防護用品和勞動保護
　　　　　　　設施的，由勞動行政部門或者有關部門責令改正，可以
　　　　　　　處以罰款；情節嚴重的，提請縣級以上人民政府決定責
　　　　　　　令停產整頓；對事故隱患不採取措施，致使發生重大事
　　　　　　　故，造成勞動者生命和財產損失的，對責任人員比照刑
　　　　　　　法第一百八十七條的規定追究刑事責任。

第九十三條　用人單位強令勞動者違章冒險作業，發生重大傷亡事故，
　　　　　　　造成嚴重後果的，對責任人員依法追究刑事責任。

第九十四條　用人單位非法招用未滿十六周歲的未成年人的，由勞動
　　　　　　　行政部門責令改正，處以罰款；情節嚴重的，由工商行
　　　　　　　政管理部門吊銷營業執照。

第九十五條　用人單位違反本法對女職工和未成年工的保護規定，侵
　　　　　　　害其合法權益的，由勞動行政部門責令改正，處以罰款；
　　　　　　　對女職工或者未成年工造成損害的，應當承擔賠償責任。

第九十六條　用人單位有下列行為之一，由公安機關對責任人員處以
　　　　　　　十五日以下拘留、罰款或者警告；構成犯罪的，對責任
　　　　　　　人員依法追究刑事責任：

　　㈠以暴力、威脅或者非法限制人身自由的手段強迫勞動
　　　的；

　　㈡侮辱、體罰、毆打、非法搜查和拘禁勞動者的。

第九十七條　由於用人單位的原因訂立的無效合同，對勞動者造成損
　　　　　　　害的，應當承擔賠償責任。

第九十八條　用人單位違反本法規定的條件解除勞動合同或者故意拖

延不訂立勞動合同的，由勞動行政部門責令改正；對勞動者造成損害的，應當承擔賠償責任。

第九十九條 用人單位招用尚未解除勞動合同的勞動者，對原用人單位造成經濟損失的，該用人單位應當依法承擔連帶賠償責任。

第一百條 用人單位無故不繳納社會保險費的，由勞動行政部門責令其限期繳納，逾期不繳的，可以加收滯納金。

第一百零一條 用人單位無理阻撓勞動行政部門、有關部門及其工作人員行使監督檢查權，打擊報復舉報人員的，由勞動行政部門或者有關部門處以罰款；構成犯罪的，對責任人員依法追究刑事責任。

第一百零二條 勞動者違反本法規定的條件解除勞動合同或者違反勞動合同中約定的保密事項，對用人單位造成經濟損失的，應當依法承擔賠償責任。

第一百零三條 勞動行政部門或者有關部門的工作人員濫用職權、怠忽職守、徇私舞弊，構成犯罪的，依法追究刑事責任；不構成犯罪的，給予行政處分。

第一百零四條 國家工作人員和社會保險基金經辦機構的工作人員挪用社會保險基金，構成犯罪的，依法追究刑事責任。

第一百零五條 違反本法規定侵害勞動者合法權益，其他法律、法規已規定處罰的，依照該法律、行政法規的規定處罰。

第十三章 附 則

第一百零六條 省、自治區、直轄市人民政府根據本法和本地區的實際情況，規定勞動合同制度的實施步驟，報國務院備案。

第一百零七條 本法自 1995 年 1 月 1 日起施行。

notebook

附錄二

中華人民共和國勞動合同法

2007 年 6 月 29 日中華人民共和國主席令第 65 號公布，自 2008 年 1 月 1 日起施行

第一章　總　則

第一條 為了完善勞動合同制度，明確勞動合同雙方當事人的權利和義務，保護勞動者的合法權益，構建和發展和諧穩定的勞動關係，制定本法。

第二條 中華人民共和國境內的企業、個體經濟組織、民辦非企業單位等組織（以下稱用人單位）與勞動者建立勞動關係，訂立、履行、變更、解除或者終止勞動合同，適用本法。

國家機關、事業單位、社會團體和與其建立勞動關係的勞動者，訂立、履行、變更、解除或者終止勞動合同，依照本法執行。

第三條 訂立勞動合同，應當遵循合法、公平、平等自願、協商一致、誠實信用的原則。

依法訂立的勞動合同具有約束力，用人單位與勞動者應當履行勞動合同約定的義務。

第四條 用人單位應當依法建立和完善勞動規章制度，保障勞動者享有勞動權利、履行勞動義務。

用人單位在制定、修改或者決定有關勞動報酬、工作時間、休息休假、勞動安全衛生、保險福利、職工培訓、勞動紀律以及勞動定額管理等直接涉及勞動者切身利益的規章制度或者重大事項時，應當經職工代表大會或者全體職工討論，提出方案和意見，與工會或者職工代表平等協商確定。

在規章制度和重大事項決定實施過程中，工會或者職工認為不適當的，有權向用人單位提出，通過協商予以修改完善。

用人單位應當將直接涉及勞動者切身利益的規章制度和重大事項決定公示，或者告知勞動者。

第五條　縣級以上人民政府勞動行政部門會同工會和企業方面代表，建立健全協調勞動關係三方機制，共同研究解決有關勞動關係的重大問題。

第六條　工會應當幫助、指導勞動者與用人單位依法訂立和履行勞動合同，並與用人單位建立集體協商機制，維護勞動者的合法權益。

第二章　勞動合同的訂立

第七條　用人單位自用工之日起即與勞動者建立勞動關係。用人單位應當建立職工名冊備查。

第八條　用人單位招用勞動者時，應當如實告知勞動者工作內容、工作條件、工作地點、職業危害、安全生產狀況、勞動報酬，以及勞動者要求瞭解的其他情況；用人單位有權瞭解勞動者與勞動合同直接相關的基本情況，勞動者應當如實說明。

第九條　用人單位招用勞動者，不得扣押勞動者的居民身份證和其他證件，不得要求勞動者提供擔保或者以其他名義向勞動者收取財物。

第十條　建立勞動關係，應當訂立書面勞動合同。

已建立勞動關係，未同時訂立書面勞動合同的，應當自用工之日起一個月內訂立書面勞動合同。

用人單位與勞動者在用工前訂立勞動合同的，勞動關係自用工之日起建立。

第十一條　用人單位未在用工的同時訂立書面勞動合同，與勞動者約定的勞動報酬不明確的，新招用的勞動者的勞動報酬按照集體合同規定的標準執行；沒有集體合同或者集體合同未

規定的，實行同工同酬。

第十二條 勞動合同分為固定期限勞動合同、無固定期限勞動合同和
以完成一定工作任務為期限的勞動合同。

第十三條 固定期限勞動合同，是指用人單位與勞動者約定合同終止
時間的勞動合同。

用人單位與勞動者協商一致，可以訂立固定期限勞動合同。

第十四條 無固定期限勞動合同，是指用人單位與勞動者約定無確定
終止時間的勞動合同。

用人單位與勞動者協商一致，可以訂立無固定期限勞動合
同。有下列情形之一，勞動者提出或者同意續訂、訂立勞
動合同的，除勞動者提出訂立固定期限勞動合同外，應當
訂立無固定期限勞動合同：

㈠勞動者在該用人單位連續工作滿十年的；

㈡用人單位初次實行勞動合同制度或者國有企業改制重新
訂立勞動合同時，勞動者在該用人單位連續工作滿十年
且距法定退休年齡不足十年的；

㈢連續訂立二次固定期限勞動合同，且勞動者沒有本法第
三十九條和第四十條第一項、第二項規定的情形，續訂
勞動合同的。

用人單位自用工之日起滿一年不與勞動者訂立書面勞動合
同的，視為用人單位與勞動者已訂立無固定期限勞動合同。

第十五條 以完成一定工作任務為期限的勞動合同，是指用人單位與
勞動者約定以某項工作的完成為合同期限的勞動合同。

用人單位與勞動者協商一致，可以訂立以完成一定工作任
務為期限的勞動合同。

第十六條 勞動合同由用人單位與勞動者協商一致，並經用人單位與
勞動者在勞動合同文本上簽字或者蓋章生效。

　　　　　　勞動合同文本由用人單位和勞動者各執一份。

第十七條　勞動合同應當具備以下條款：

　　　　　㈠用人單位的名稱、住所和法定代表人或者主要負責人；

　　　　　㈡勞動者的姓名、住址和居民身份證或者其他有效身份證
　　　　　　件號碼；

　　　　　㈢勞動合同期限；

　　　　　㈣工作內容和工作地點；

　　　　　㈤工作時間和休息休假；

　　　　　㈥勞動報酬；

　　　　　㈦社會保險；

　　　　　㈧勞動保護、勞動條件和職業危害防護；

　　　　　㈨法律、法規規定應當納入勞動合同的其他事項。

　　　　　勞動合同除前款規定的必備條款外，用人單位與勞動者可
　　　　　以約定試用期、培訓、保守秘密、補充保險和福利待遇等
　　　　　其他事項。

第十八條　勞動合同對勞動報酬和勞動條件等標準約定不明確，引發
　　　　　爭議的，用人單位與勞動者可以重新協商；協商不成的，
　　　　　適用集體合同規定；沒有集體合同或者集體合同未規定勞
　　　　　動報酬的，實行同工同酬；沒有集體合同或者集體合同未
　　　　　規定勞動條件等標準的，適用國家有關規定。

第十九條　勞動合同期限三個月以上不滿一年的，試用期不得超過一
　　　　　個月；勞動合同期限一年以上不滿三年的，試用期不得超
　　　　　過二個月；三年以上固定期限和無固定期限的勞動合同，
　　　　　試用期不得超過六個月。

　　　　　同一用人單位與同一勞動者只能約定一次試用期。

　　　　　以完成一定工作任務為期限的勞動合同或者勞動合同期限
　　　　　不滿三個月的，不得約定試用期。

　　　　　　試用期包含在勞動合同期限內。勞動合同僅約定試用期的，試用期不成立，該期限為勞動合同期限。

第二十條　勞動者在試用期的工資不得低於本單位相同崗位最低檔工資或者勞動合同約定工資的百分之八十，並不得低於用人單位所在地的最低工資標準。

第二十一條　在試用期中，除勞動者有本法第三十九條和第四十條第一項、第二項規定的情形外，用人單位不得解除勞動合同。用人單位在試用期解除勞動合同的，應當向勞動者說明理由。

第二十二條　用人單位為勞動者提供專項培訓費用，對其進行專業技術培訓的，可以與該勞動者訂立協定，約定服務期。

　　　　　　勞動者違反服務期約定的，應當按照約定向用人單位支付違約金。違約金的數額不得超過用人單位提供的培訓費用。用人單位要求勞動者支付的違約金不得超過服務期尚未履行部分所應分攤的培訓費用。

　　　　　　用人單位與勞動者約定服務期的，不影響按照正常的工資調整機制提高勞動者在服務期期間的勞動報酬。

第二十三條　用人單位與勞動者可以在勞動合同中約定保守用人單位的商業秘密和與知識產權相關的保密事項。

　　　　　　對負有保密義務的勞動者，用人單位可以在勞動合同或者保密協議中與勞動者約定競業限制條款，並約定在解除或者終止勞動合同後，在競業限制期限內按月給予勞動者經濟補償。勞動者違反競業限制約定的，應當按照約定向用人單位支付違約金。

第二十四條　競業限制的人員限於用人單位的高級管理人員、高級技術人員和其他負有保密義務的人員。競業限制的範圍、地域、期限由用人單位與勞動者約定，競業限制的約定

　　　　　　　不得違反法律、法規的規定。

　　　　　　　在解除或者終止勞動合同後，前款規定的人員到與本單位生產或者經營同類產品、從事同類業務的有競爭關係的其他用人單位，或者自己開業生產或者經營同類產品、從事同類業務的競業限制期限，不得超過二年。

第二十五條　除本法第二十二條和第二十三條規定的情形外，用人單位不得與勞動者約定由勞動者承擔違約金。

第二十六條　下列勞動合同無效或者部分無效：

　　　　　　㈠以欺詐、脅迫的手段或者乘人之危，使對方在違背真實意思的情況下訂立或者變更勞動合同的；

　　　　　　㈡用人單位免除自己的法定責任、排除勞動者權利的；

　　　　　　㈢違反法律、行政法規強制性規定的。

　　　　　　對勞動合同的無效或者部分無效有爭議的，由勞動爭議仲裁機構或者人民法院確認。

第二十七條　勞動合同部分無效，不影響其他部分效力的，其他部分仍然有效。

第二十八條　勞動合同被確認無效，勞動者已付出勞動的，用人單位應當向勞動者支付勞動報酬。勞動報酬的數額，參照本單位相同或者相近崗位勞動者的勞動報酬確定。

第三章　勞動合同的履行和變更

第二十九條　用人單位與勞動者應當按照勞動合同的約定，全面履行各自的義務。

第三十條　用人單位應當按照勞動合同約定和國家規定，向勞動者及時足額支付勞動報酬。

　　　　　　用人單位拖欠或者未足額支付勞動報酬的，勞動者可以依法向當地人民法院申請支付令，人民法院應當依法發出支

付令。

第三十一條　用人單位應當嚴格執行勞動定額標準，不得強迫或者變相強迫勞動者加班。用人單位安排加班的，應當按照國家有關規定向勞動者支付加班費。

第三十二條　勞動者拒絕用人單位管理人員違章指揮、強令冒險作業的，不視為違反勞動合同。

勞動者對危害生命安全和身體健康的勞動條件，有權對用人單位提出批評、檢舉和控告。

第三十三條　用人單位變更名稱、法定代表人、主要負責人或者投資人等事項，不影響勞動合同的履行。

第三十四條　用人單位發生合併或者分立等情況，原勞動合同繼續有效，勞動合同由承繼其權利和義務的用人單位繼續履行。

第三十五條　用人單位與勞動者協商一致，可以變更勞動合同約定的內容。變更勞動合同，應當採用書面形式。

變更後的勞動合同文本由用人單位和勞動者各執一份。

第四章　勞動合同的解除和終止

第三十六條　用人單位與勞動者協商一致，可以解除勞動合同。

第三十七條　勞動者提前三十日以書面形式通知用人單位，可以解除勞動合同。勞動者在試用期內提前三日通知用人單位，可以解除勞動合同。

第三十八條　用人單位有下列情形之一的，勞動者可以解除勞動合同：

㈠未按照勞動合同約定提供勞動保護或者勞動條件的；

㈡未及時足額支付勞動報酬的；

㈢未依法為勞動者繳納社會保險費的；

㈣用人單位的規章制度違反法律、法規的規定，損害勞動者權益的；

㈤因本法第二十六條第一款規定的情形致使勞動合同無效的；

㈥法律、行政法規規定勞動者可以解除勞動合同的其他情形。

用人單位以暴力、威脅或者非法限制人身自由的手段強迫勞動者勞動的，或者用人單位違章指揮、強令冒險作業危及勞動者人身安全的，勞動者可以立即解除勞動合同，不需事先告知用人單位。

第三十九條　勞動者有下列情形之一的,用人單位可以解除勞動合同：

㈠在試用期間被證明不符合錄用條件的；

㈡嚴重違反用人單位的規章制度的；

㈢嚴重失職，營私舞弊，給用人單位造成重大損害的；

㈣勞動者同時與其他用人單位建立勞動關係，對完成本單位的工作任務造成嚴重影響,或者經用人單位提出，拒不改正的；

㈤因本法第二十六條第一款第一項規定的情形致使勞動合同無效的；

㈥被依法追究刑事責任的。

第四十條　有下列情形之一的，用人單位提前三十日以書面形式通知勞動者本人或者額外支付勞動者一個月工資後，可以解除勞動合同：

㈠勞動者患病或者非因工負傷，在規定的醫療期滿後不能從事原工作,也不能從事由用人單位另行安排的工作的；

㈡勞動者不能勝任工作，經過培訓或者調整工作崗位，仍不能勝任工作的；

㈢勞動合同訂立時所依據的客觀情況發生重大變化，致使勞動合同無法履行，經用人單位與勞動者協商，未能就

變更勞動合同內容達成協定的。

第四十一條 有下列情形之一，需要裁減人員二十人以上或者裁減不足二十人但占企業職工總數百分之十以上的，用人單位提前三十日向工會或者全體職工說明情況，聽取工會或者職工的意見後，裁減人員方案經向勞動行政部門報告，可以裁減人員：

㈠依照企業破產法規定進行重整的；

㈡生產經營發生嚴重困難的；

㈢企業轉產、重大技術革新或者經營方式調整，經變更勞動合同後，仍需裁減人員的；

㈣其他因勞動合同訂立時所依據的客觀經濟情況發生重大變化，致使勞動合同無法履行的。

裁減人員時，應當優先留用下列人員：

㈠與本單位訂立較長期限的固定期限勞動合同的；

㈡與本單位訂立無固定期限勞動合同的；

㈢家庭無其他就業人員，有需要扶養的老人或者未成年人的。

用人單位依照本條第一款規定裁減人員，在六個月內重新招用人員的，應當通知被裁減的人員，並在同等條件下優先招用被裁減的人員。

第四十二條 勞動者有下列情形之一的，用人單位不得依照本法第四十條、第四十一條的規定解除勞動合同：

㈠從事接觸職業病危害作業的勞動者未進行離崗前職業健康檢查，或者疑似職業病病人在診斷或者醫學觀察期間的；

㈡在本單位患職業病或者因工負傷並被確認喪失或者部分喪失勞動能力的；

　　　　　㈢患病或者非因工負傷，在規定的醫療期內的；

　　　　　㈣女職工在孕期、產期、哺乳期的；

　　　　　㈤在本單位連續工作滿十五年，且距法定退休年齡不足
　　　　　　五年的；

　　　　　㈥法律、行政法規規定的其他情形。

第四十三條　用人單位單方解除勞動合同，應當事先將理由通知工會。
　　　　　用人單位違反法律、行政法規規定或者勞動合同約定的，
　　　　　工會有權要求用人單位糾正。用人單位應當研究工會的
　　　　　意見，並將處理結果書面通知工會。

第四十四條　有下列情形之一的，勞動合同終止：

　　　　　㈠勞動合同期滿的；

　　　　　㈡勞動者開始依法享受基本養老保險待遇的；

　　　　　㈢勞動者死亡，或者被人民法院宣告死亡或者宣告失蹤
　　　　　　的；

　　　　　㈣用人單位被依法宣告破產的；

　　　　　㈤用人單位被吊銷營業執照、責令關閉、撤銷或者用人
　　　　　　單位決定提前解散的；

　　　　　㈥法律、行政法規規定的其他情形。

第四十五條　勞動合同期滿，有本法第四十二條規定情形之一的，勞
　　　　　動合同應當續延至相應的情形消失時終止。但是，本法
　　　　　第四十二條第二項規定喪失或者部分喪失勞動能力勞動
　　　　　者的勞動合同的終止，按照國家有關工傷保險的規定執
　　　　　行。

第四十六條　有下列情形之一的，用人單位應當向勞動者支付經濟補
　　　　　償：

　　　　　㈠勞動者依照本法第三十八條規定解除勞動合同的；

　　　　　㈡用人單位依照本法第三十六條規定向勞動者提出解除

勞動合同並與勞動者協商一致解除勞動合同的；

㈢用人單位依照本法第四十條規定解除勞動合同的；

㈣用人單位依照本法第四十一條第一款規定解除勞動合同的；

㈤除用人單位維持或者提高勞動合同約定條件續訂勞動合同，勞動者不同意續訂的情形外，依照本法第四十四條第一項規定終止固定期限勞動合同的；

㈥依照本法第四十四條第四項、第五項規定終止勞動合同的；

㈦法律、行政法規規定的其他情形。

第四十七條　經濟補償按勞動者在本單位工作的年限，每滿一年支付一個月工資的標準向勞動者支付。六個月以上不滿一年的，按一年計算；不滿六個月的，向勞動者支付半個月工資的經濟補償。

勞動者月工資高於用人單位所在直轄市、設區的市級人民政府公布的本地區上年度職工月平均工資三倍的，向其支付經濟補償的標準按職工月平均工資三倍的數額支付，向其支付經濟補償的年限最高不超過十二年。

本條所稱月工資是指勞動者在勞動合同解除或者終止前十二個月的平均工資。

第四十八條　用人單位違反本法規定解除或者終止勞動合同，勞動者要求繼續履行勞動合同的，用人單位應當繼續履行；勞動者不要求繼續履行勞動合同或者勞動合同已經不能繼續履行的，用人單位應當依照本法第八十七條規定支付賠償金。

第四十九條　國家採取措施，建立健全勞動者社會保險關係跨地區轉移接續制度。

第五十條 用人單位應當在解除或者終止勞動合同時出具解除或者終
止勞動合同的證明，並在十五日內為勞動者辦理檔案和社
會保險關係轉移手續。

勞動者應當按照雙方約定，辦理工作交接。用人單位依照
本法有關規定應當向勞動者支付經濟補償的，在辦結工作
交接時支付。

用人單位對已經解除或者終止的勞動合同的文本，至少保
存二年備查。

第五章 特別規定

第一節 集體合同

第五十一條 企業職工一方與用人單位通過平等協商，可以就勞動報
酬、工作時間、休息休假、勞動安全衛生、保險福利等
事項訂立集體合同。集體合同草案應當提交職工代表大
會或者全體職工討論通過。

集體合同由工會代表企業職工一方與用人單位訂立；尚
未建立工會的用人單位，由上級工會指導勞動者推舉的
代表與用人單位訂立。

第五十二條 企業職工一方與用人單位可以訂立勞動安全衛生、女職
工權益保護、工資調整機制等專項集體合同。

第五十三條 在縣級以下區域內，建築業、採礦業、餐飲服務業等行
業可以由工會與企業方面代表訂立行業性集體合同，或
者訂立區域性集體合同。

第五十四條 集體合同訂立後，應當報送勞動行政部門；勞動行政部
門自收到集體合同文本之日起十五日內未提出異議的，
集體合同即行生效。

依法訂立的集體合同對用人單位和勞動者具有約束力。

行業性、區域性集體合同對當地本行業、本區域的用人
單位和勞動者具有約束力。

第五十五條 集體合同中勞動報酬和勞動條件等標準不得低於當地人
民政府規定的最低標準；用人單位與勞動者訂立的勞動
合同中勞動報酬和勞動條件等標準不得低於集體合同規
定的標準。

第五十六條 用人單位違反集體合同，侵犯職工勞動權益的，工會可
以依法要求用人單位承擔責任；因履行集體合同發生爭
議，經協商解決不成的，工會可以依法申請仲裁、提起
訴訟。

第二節　勞務派遣

第五十七條 勞務派遣單位應當依照公司法的有關規定設立，註冊資
本不得少於五十萬元。

第五十八條 勞務派遣單位是本法所稱用人單位，應當履行用人單位
對勞動者的義務。勞務派遣單位與被派遣勞動者訂立的
勞動合同，除應當載明本法第十七條規定的事項外，還
應當載明被派遣勞動者的用工單位以及派遣期限、工作
崗位等情況。

勞務派遣單位應當與被派遣勞動者訂立二年以上的固定
期限勞動合同，按月支付勞動報酬；被派遣勞動者在無
工作期間，勞務派遣單位應當按照所在地人民政府規定
的最低工資標準，向其按月支付報酬。

第五十九條 勞務派遣單位派遣勞動者應當與接受以勞務派遣形式用
工的單位（以下稱用工單位）訂立勞務派遣協定。勞務
派遣協議應當約定派遣崗位和人員數量、派遣期限、勞
動報酬和社會保險費的數額與支付方式以及違反協定的
責任。

　　　　　用工單位應當根據工作崗位的實際需要與勞務派遣單位
　　　　　確定派遣期限，不得將連續用工期限分割訂立數個短期
　　　　　勞務派遣協議。

第六十條　勞務派遣單位應當將勞務派遣協定的内容告知被派遣勞動
　　　　　者。

　　　　　勞務派遣單位不得克扣用工單位按照勞務派遣協定支付給
　　　　　被派遣勞動者的勞動報酬。

　　　　　勞務派遣單位和用工單位不得向被派遣勞動者收取費用。

第六十一條　勞務派遣單位跨地區派遣勞動者的，被派遣勞動者享有
　　　　　的勞動報酬和勞動條件，按照用工單位所在地的標準執
　　　　　行。

第六十二條　用工單位應當履行下列義務：

　　　　　㈠執行國家勞動標準，提供相應的勞動條件和勞動保護；

　　　　　㈡告知被派遣勞動者的工作要求和勞動報酬；

　　　　　㈢支付加班費、績效獎金，提供與工作崗位相關的福利
　　　　　　待遇；

　　　　　㈣對在崗被派遣勞動者進行工作崗位所必需的培訓；

　　　　　㈤連續用工的，實行正常的工資調整機制。

　　　　　用工單位不得將被派遣勞動者再派遣到其他用人單位。

第六十三條　被派遣勞動者享有與用工單位的勞動者同工同酬的權
　　　　　利。用工單位無同類崗位勞動者的，參照用工單位所在
　　　　　地相同或者相近崗位勞動者的勞動報酬確定。

第六十四條　被派遣勞動者有權在勞務派遣單位或者用工單位依法參
　　　　　加或者組織工會，維護自身的合法權益。

第六十五條　被派遣勞動者可以依照本法第三十六條、第三十八條的
　　　　　規定與勞務派遣單位解除勞動合同。

　　　　　被派遣勞動者有本法第三十九條和第四十條第一項、第

二項規定情形的，用工單位可以將勞動者退回勞務派遣單位，勞務派遣單位依照本法有關規定，可以與勞動者解除勞動合同。

第六十六條　勞務派遣一般在臨時性、輔助性或者替代性的工作崗位上實施。

第六十七條　用人單位不得設立勞務派遣單位向本單位或者所屬單位派遣勞動者。

第三節　非全日制用工

第六十八條　非全日制用工，是指以小時計酬為主，勞動者在同一用人單位一般平均每日工作時間不超過四小時，每週工作時間累計不超過二十四小時的用工形式。

第六十九條　非全日制用工雙方當事人可以訂立口頭協議。

從事非全日制用工的勞動者可以與一個或者一個以上用人單位訂立勞動合同；但是，後訂立的勞動合同不得影響先訂立的勞動合同的履行。

第七十條　非全日制用工雙方當事人不得約定試用期。

第七十一條　非全日制用工雙方當事人任何一方都可以隨時通知對方終止用工。終止用工，用人單位不向勞動者支付經濟補償。

第七十二條　非全日制用工小時計酬標準不得低於用人單位所在地人民政府規定的最低小時工資標準。

非全日制用工勞動報酬結算支付週期最長不得超過十五日。

第六章　監督檢查

第七十三條　國務院勞動行政部門負責全國勞動合同制度實施的監督管理。

縣級以上地方人民政府勞動行政部門負責本行政區域內

勞動合同制度實施的監督管理。

縣級以上各級人民政府勞動行政部門在勞動合同制度實施的監督管理工作中，應當聽取工會、企業方面代表以及有關行業主管部門的意見。

第七十四條　縣級以上地方人民政府勞動行政部門依法對下列實施勞動合同制度的情況進行監督檢查：

(一)用人單位制定直接涉及勞動者切身利益的規章制度及其執行的情況；

(二)用人單位與勞動者訂立和解除勞動合同的情況；

(三)勞務派遣單位和用工單位遵守勞務派遣有關規定的情況；

(四)用人單位遵守國家關於勞動者工作時間和休息休假規定的情況；

(五)用人單位支付勞動合同約定的勞動報酬和執行最低工資標準的情況；

(六)用人單位參加各項社會保險和繳納社會保險費的情況；

(七)法律、法規規定的其他勞動監察事項。

第七十五條　縣級以上地方人民政府勞動行政部門實施監督檢查時，有權查閱與勞動合同、集體合同有關的材料，有權對勞動場所進行實地檢查，用人單位和勞動者都應當如實提供有關情況和材料。

勞動行政部門的工作人員進行監督檢查，應當出示證件，依法行使職權，文明執法。

第七十六條　縣級以上人民政府建設、衛生、安全生產監督管理等有關主管部門在各自職責範圍內，對用人單位執行勞動合同制度的情況進行監督管理。

第七十七條　勞動者合法權益受到侵害的，有權要求有關部門依法處理，或者依法申請仲裁、提起訴訟。

第七十八條　工會依法維護勞動者的合法權益，對用人單位履行勞動合同、集體合同的情況進行監督。用人單位違反勞動法律、法規和勞動合同、集體合同的，工會有權提出意見或者要求糾正；勞動者申請仲裁、提起訴訟的，工會依法給予支持和幫助。

第七十九條　任何組織或者個人對違反本法的行為都有權舉報，縣級以上人民政府勞動行政部門應當及時核實、處理，並對舉報有功人員給予獎勵。

第七章　法律責任

第八十條　用人單位直接涉及勞動者切身利益的規章制度違反法律、法規規定的，由勞動行政部門責令改正，給予警告；給勞動者造成損害的，應當承擔賠償責任。

第八十一條　用人單位提供的勞動合同文本未載明本法規定的勞動合同必備條款或者用人單位未將勞動合同文本交付勞動者的，由勞動行政部門責令改正；給勞動者造成損害的，應當承擔賠償責任。

第八十二條　用人單位自用工之日起超過一個月不滿一年未與勞動者訂立書面勞動合同的，應當向勞動者每月支付二倍的工資。

用人單位違反本法規定不與勞動者訂立無固定期限勞動合同的，自應當訂立無固定期限勞動合同之日起向勞動者每月支付二倍的工資。

第八十三條　用人單位違反本法規定與勞動者約定試用期的，由勞動行政部門責令改正；違法約定的試用期已經履行的，由

　　　　　　用人單位以勞動者試用期滿月工資為標準，按已經履行
　　　　　　的超過法定試用期的期間向勞動者支付賠償金。

第八十四條　用人單位違反本法規定，扣押勞動者居民身份證等證件
　　　　　　的，由勞動行政部門責令限期退還勞動者本人，並依照
　　　　　　有關法律規定給予處罰。

　　　　　　用人單位違反本法規定，以擔保或者其他名義向勞動者
　　　　　　收取財物的，由勞動行政部門責令限期退還勞動者本人，
　　　　　　並以每人五百元以上二千元以下的標準處以罰款；給勞
　　　　　　動者造成損害的，應當承擔賠償責任。

　　　　　　勞動者依法解除或者終止勞動合同，用人單位扣押勞動
　　　　　　者檔案或者其他物品的，依照前款規定處罰。

第八十五條　用人單位有下列情形之一的，由勞動行政部門責令限期
　　　　　　支付勞動報酬、加班費或者經濟補償；勞動報酬低於當
　　　　　　地最低工資標準的，應當支付其差額部分；逾期不支付
　　　　　　的，責令用人單位按應付金額百分之五十以上百分之一
　　　　　　百以下的標準向勞動者加付賠償金：

　　　　　　㈠未按照勞動合同的約定或者國家規定及時足額支付勞
　　　　　　　動者勞動報酬的；

　　　　　　㈡低於當地最低工資標準支付勞動者工資的；

　　　　　　㈢安排加班不支付加班費的；

　　　　　　㈣解除或者終止勞動合同，未依照本法規定向勞動者支
　　　　　　　付經濟補償的。

第八十六條　勞動合同依照本法第二十六條規定被確認無效，給對方
　　　　　　造成損害的，有過錯的一方應當承擔賠償責任。

第八十七條　用人單位違反本法規定解除或者終止勞動合同的，應當
　　　　　　依照本法第四十七條規定的經濟補償標準的二倍向勞動
　　　　　　者支付賠償金。

第八十八條　用人單位有下列情形之一的，依法給予行政處罰；構成
　　　　　　犯罪的，依法追究刑事責任；給勞動者造成損害的，應
　　　　　　當承擔賠償責任：
　　　　　　㈠以暴力、威脅或者非法限制人身自由的手段強迫勞動
　　　　　　　的；
　　　　　　㈡違章指揮或者強令冒險作業危及勞動者人身安全的；
　　　　　　㈢侮辱、體罰、毆打、非法搜查或者拘禁勞動者的；
　　　　　　㈣勞動條件惡劣、環境污染嚴重，給勞動者身心健康造
　　　　　　　成嚴重損害的。

第八十九條　用人單位違反本法規定未向勞動者出具解除或者終止勞
　　　　　　動合同的書面證明，由勞動行政部門責令改正；給勞動
　　　　　　者造成損害的，應當承擔賠償責任。

第九十條　　勞動者違反本法規定解除勞動合同，或者違反勞動合同中
　　　　　　約定的保密義務或者競業限制，給用人單位造成損失的，
　　　　　　應當承擔賠償責任。

第九十一條　用人單位招用與其他用人單位尚未解除或者終止勞動合
　　　　　　同的勞動者，給其他用人單位造成損失的，應當承擔連
　　　　　　帶賠償責任。

第九十二條　勞務派遣單位違反本法規定的，由勞動行政部門和其他
　　　　　　有關主管部門責令改正；情節嚴重的，以每人一千元以
　　　　　　上五千元以下的標準處以罰款，並由工商行政管理部門
　　　　　　吊銷營業執照；給被派遣勞動者造成損害的，勞務派遣
　　　　　　單位與用工單位承擔連帶賠償責任。

第九十三條　對不具備合法經營資格的用人單位的違法犯罪行為，依
　　　　　　法追究法律責任；勞動者已經付出勞動的，該單位或者
　　　　　　其出資人應當依照本法有關規定向勞動者支付勞動報
　　　　　　酬、經濟補償、賠償金；給勞動者造成損害的，應當承

擔賠償責任。

第九十四條　個人承包經營違反本法規定招用勞動者，給勞動者造成損害的，發包的組織與個人承包經營者承擔連帶賠償責任。

第九十五條　勞動行政部門和其他有關主管部門及其工作人員怠忽職守、不履行法定職責，或者違法行使職權，給勞動者或者用人單位造成損害的，應當承擔賠償責任；對直接負責的主管人員和其他直接責任人員，依法給予行政處分；構成犯罪的，依法追究刑事責任。

第八章　附　則

第九十六條　事業單位與實行聘用制的工作人員訂立、履行、變更、解除或者終止勞動合同，法律、行政法規或者國務院另有規定的，依照其規定；未作規定的，依照本法有關規定執行。

第九十七條　本法施行前已依法訂立且在本法施行之日存續的勞動合同，繼續履行；本法第十四條第二款第三項規定連續訂立固定期限勞動合同的次數，自本法施行後續訂固定期限勞動合同時開始計算。

本法施行前已建立勞動關係，尚未訂立書面勞動合同的，應當自本法施行之日起一個月內訂立。

本法施行之日存續的勞動合同在本法施行後解除或者終止，依照本法第四十六條規定應當支付經濟補償的，經濟補償年限自本法施行之日起計算；本法施行前按照當時有關規定，用人單位應當向勞動者支付經濟補償的，按照當時有關規定執行。

第九十八條　本法自 2008 年 1 月 1 日起施行。

附錄三

中華人民共和國勞動合同法實施條例

2008 年 9 月 18 日中華人民共和國國務院令第 535 號公布，自 2008 年 9 月 18 日起施行

第一章　總　則

第一條　為了貫徹實施「中華人民共和國勞動合同法」(以下簡稱勞動合同法)，制定本條例。

第二條　各級人民政府和縣級以上人民政府勞動行政等有關部門以及工會等組織，應當採取措施，推動勞動合同法的貫徹實施，促進勞動關係的和諧。

第三條　依法成立的會計師事務所、律師事務所等合夥組織和基金會，屬於勞動合同法規定的用人單位。

第二章　勞動合同的訂立

第四條　勞動合同法規定的用人單位設立的分支機構，依法取得營業執照或者登記證書的，可以作為用人單位與勞動者訂立勞動合同；未依法取得營業執照或者登記證書的，受用人單位委託可以與勞動者訂立勞動合同。

第五條　自用工之日起一個月內，經用人單位書面通知後，勞動者不與用人單位訂立書面勞動合同的，用人單位應當書面通知勞動者終止勞動關係，無需向勞動者支付經濟補償，但是應當依法向勞動者支付其實際工作時間的勞動報酬。

第六條　用人單位自用工之日起超過一個月不滿一年未與勞動者訂立書面勞動合同的，應當依照勞動合同法第八十二條的規定向勞動者每月支付兩倍的工資,並與勞動者補訂書面勞動合同；勞動者不與用人單位訂立書面勞動合同的，用人單位應當書面通知勞動者終止勞動關係，並依照勞動合同法第四十七條

的規定支付經濟補償。

前款規定的用人單位向勞動者每月支付兩倍工資的起算時間為用工之日起滿一個月的次日，截止時間為補訂書面勞動合同的前一日。

第七條 用人單位自用工之日起滿一年未與勞動者訂立書面勞動合同的，自用工之日起滿一個月的次日至滿一年的前一日應當依照勞動合同法第八十二條的規定向勞動者每月支付兩倍的工資，並視為自用工之日起滿一年的當日已經與勞動者訂立無固定期限勞動合同，應當立即與勞動者補訂書面勞動合同。

第八條 勞動合同法第七條規定的職工名冊，應當包括勞動者姓名、性別、公民身份號碼、戶籍地址及現住址、聯繫方式、用工形式、用工起始時間、勞動合同期限等內容。

第九條 勞動合同法第十四條第二款規定的連續工作滿十年的起始時間，應當自用人單位用工之日起計算，包括勞動合同法施行前的工作年限。

第十條 勞動者非因本人原因從原用人單位被安排到新用人單位工作的，勞動者在原用人單位的工作年限合併計算為新用人單位的工作年限。原用人單位已經向勞動者支付經濟補償的，新用人單位在依法解除、終止勞動合同計算支付經濟補償的工作年限時，不再計算勞動者在原用人單位的工作年限。

第十一條 除勞動者與用人單位協商一致的情形外，勞動者依照勞動合同法第十四條第二款的規定，提出訂立無固定期限勞動合同的，用人單位應當與其訂立無固定期限勞動合同。對勞動合同的內容，雙方應當按照合法、公平、平等自願、協商一致、誠實信用的原則協商確定；對協商不一致的內容，依照勞動合同法第十八條的規定執行。

第十二條 地方各級人民政府及縣級以上地方人民政府有關部門為安

置就業困難人員提供的給予崗位補貼和社會保險補貼的公
益性崗位，其勞動合同不適用勞動合同法有關無固定期限
勞動合同的規定以及支付經濟補償的規定。

第十三條 用人單位與勞動者不得在勞動合同法第四十四條規定的勞
動合同終止情形之外約定其他的勞動合同終止條件。

第十四條 勞動合同履行地與用人單位註冊地不一致的，有關勞動者
的最低工資標準、勞動保護、勞動條件、職業危害防護和
本地區上年度職工月平均工資標準等事項，按照勞動合同
履行地的有關規定執行；用人單位註冊地的有關標準高於
勞動合同履行地的有關標準，且用人單位與勞動者約定按
照用人單位註冊地的有關規定執行的，從其約定。

第十五條 勞動者在試用期的工資不得低於本單位相同崗位最低檔工
資的 80% 或者不得低於勞動合同約定工資的百分之八十，
並不得低於用人單位所在地的最低工資標準。

第十六條 勞動合同法第二十二條第二款規定的培訓費用，包括用人
單位為了對勞動者進行專業技術培訓而支付的有憑證的培
訓費用、培訓期間的差旅費用以及因培訓產生的用於該勞
動者的其他直接費用。

第十七條 勞動合同期滿，但是用人單位與勞動者依照勞動合同法第
二十二條的規定約定的服務期尚未到期的，勞動合同應當
續延至服務期滿；雙方另有約定的，從其約定。

▶▶ 第三章　勞動合同的解除和終止

第十八條 有下列情形之一的，依照勞動合同法規定的條件、程式，
勞動者可以與用人單位解除固定期限勞動合同、無固定期
限勞動合同或者以完成一定工作任務為期限的勞動合同：

㈠勞動者與用人單位協商一致的；

㈡勞動者提前三十日以書面形式通知用人單位的；
㈢勞動者在試用期內提前三日通知用人單位的；
㈣用人單位未按照勞動合同約定提供勞動保護或者勞動條件的；
㈤用人單位未及時足額支付勞動報酬的；
㈥用人單位未依法為勞動者繳納社會保險費的；
㈦用人單位的規章制度違反法律、法規的規定，損害勞動者權益的；
㈧用人單位以欺詐、脅迫的手段或者乘人之危，使勞動者在違背真實意思的情況下訂立或者變更勞動合同的；
㈨用人單位在勞動合同中免除自己的法定責任、排除勞動者權利的；
㈩用人單位違反法律、行政法規強制性規定的；
(十一)用人單位以暴力、威脅或者非法限制人身自由的手段強迫勞動者勞動的；
(十二)用人單位違章指揮、強令冒險作業危及勞動者人身安全的；
(十三)法律、行政法規規定勞動者可以解除勞動合同的其他情形。

第十九條 有下列情形之一的，依照勞動合同法規定的條件、程式，用人單位可以與勞動者解除固定期限勞動合同、無固定期限勞動合同或者以完成一定工作任務為期限的勞動合同：
㈠用人單位與勞動者協商一致的；
㈡勞動者在試用期間被證明不符合錄用條件的；
㈢勞動者嚴重違反用人單位的規章制度的；
㈣勞動者嚴重失職，營私舞弊，給用人單位造成重大損害的；

㈤勞動者同時與其他用人單位建立勞動關係，對完成本單位的工作任務造成嚴重影響，或者經用人單位提出，拒不改正的；

㈥勞動者以欺詐、脅迫的手段或者乘人之危，使用人單位在違背真實意思的情況下訂立或者變更勞動合同的；

㈦勞動者被依法追究刑事責任的；

㈧勞動者患病或者非因工負傷，在規定的醫療期滿後不能從事原工作，也不能從事由用人單位另行安排的工作的；

㈨勞動者不能勝任工作，經過培訓或者調整工作崗位，仍不能勝任工作的；

㈩勞動合同訂立時所依據的客觀情況發生重大變化，致使勞動合同無法履行，經用人單位與勞動者協商，未能就變更勞動合同內容達成協定的；

(十一)用人單位依照企業破產法規定進行重整的；

(十二)用人單位生產經營發生嚴重困難的；

(十三)企業轉產、重大技術革新或者經營方式調整，經變更勞動合同後，仍需裁減人員的；

(十四)其他因勞動合同訂立時所依據的客觀經濟情況發生重大變化，致使勞動合同無法履行的。

第二十條　用人單位依照勞動合同法第四十條的規定，選擇額外支付勞動者一個月工資解除勞動合同的，其額外支付的工資應當按照該勞動者上一個月的工資標準確定。

第二十一條　勞動者達到法定退休年齡的，勞動合同終止。

第二十二條　以完成一定工作任務為期限的勞動合同因任務完成而終止的，用人單位應當依照勞動合同法第四十七條的規定向勞動者支付經濟補償。

第二十三條　用人單位依法終止工傷職工的勞動合同的，除依照勞動

合同法第四十七條的規定支付經濟補償外，還應當依照國家有關工傷保險的規定支付一次性工傷醫療補助金和傷殘就業補助金。

第二十四條　用人單位出具的解除、終止勞動合同的證明，應當寫明勞動合同期限、解除或者終止勞動合同的日期、工作崗位、在本單位的工作年限。

第二十五條　用人單位違反勞動合同法的規定解除或者終止勞動合同，依照勞動合同法第八十七條的規定支付了賠償金的，不再支付經濟補償。賠償金的計算年限自用工之日起計算。

第二十六條　用人單位與勞動者約定了服務期，勞動者依照勞動合同法第三十八條的規定解除勞動合同的，不屬於違反服務期的約定，用人單位不得要求勞動者支付違約金。

有下列情形之一，用人單位與勞動者解除約定服務期的勞動合同的，勞動者應當按照勞動合同的約定向用人單位支付違約金：

㈠勞動者嚴重違反用人單位的規章制度的；

㈡勞動者嚴重失職，營私舞弊，給用人單位造成重大損害的；

㈢勞動者同時與其他用人單位建立勞動關係，對完成本單位的工作任務造成嚴重影響，或者經用人單位提出，拒不改正的；

㈣勞動者以欺詐、脅迫的手段或者乘人之危，使用人單位在違背真實意思的情況下訂立或者變更勞動合同的；

㈤勞動者被依法追究刑事責任的。

第二十七條　勞動合同法第四十七條規定的經濟補償的月工資按照勞

動者應得工資計算，包括計時工資或者計件工資以及獎
金、津貼和補貼等貨幣性收入。勞動者在勞動合同解除
或者終止前十二個月的平均工資低於當地最低工資標準
的，按照當地最低工資標準計算。勞動者工作不滿十二
個月的，按照實際工作的月數計算平均工資。

第四章　勞務派遣特別規定

第二十八條　用人單位或者其所屬單位出資或者合夥設立的勞務派遣
　　　　　　單位，向本單位或者所屬單位派遣勞動者的，屬於勞動
　　　　　　合同法第六十七條規定的不得設立的勞務派遣單位。

第二十九條　用工單位應當履行勞動合同法第六十二條規定的義務，
　　　　　　維護被派遣勞動者的合法權益。

第三十條　勞務派遣單位不得以非全日制用工形式招用被派遣勞動
　　　　　　者。

第三十一條　勞務派遣單位或者被派遣勞動者依法解除、終止勞動合
　　　　　　同的經濟補償，依照勞動合同法第四十六條、第四十七
　　　　　　條的規定執行。

第三十二條　勞務派遣單位違法解除或者終止被派遣勞動者的勞動合
　　　　　　同的，依照勞動合同法第四十八條的規定執行。

第五章　法津責任

第三十三條　用人單位違反勞動合同法有關建立職工名冊規定的，由
　　　　　　勞動行政部門責令限期改正；逾期不改正的，由勞動行
　　　　　　政部門處二千元以上二萬元以下的罰款。

第三十四條　用人單位依照勞動合同法的規定應當向勞動者每月支付
　　　　　　兩倍的工資或者應當向勞動者支付賠償金而未支付的，
　　　　　　勞動行政部門應當責令用人單位支付。

第三十五條　用工單位違反勞動合同法和本條例有關勞務派遣規定的，由勞動行政部門和其他有關主管部門責令改正；情節嚴重的，以每位被派遣勞動者一千元以上五千元以下的標準處以罰款；給被派遣勞動者造成損害的，勞務派遣單位和用工單位承擔連帶賠償責任。

第六章　附　則

第三十六條　對違反勞動合同法和本條例的行為的投訴、舉報，縣級以上地方人民政府勞動行政部門依照「勞動保障監察條例」的規定處理。

第三十七條　勞動者與用人單位因訂立、履行、變更、解除或者終止勞動合同發生爭議的，依照「中華人民共和國勞動爭議調解仲裁法」的規定處理。

第三十八條　本條例自公布之日起施行。

Cost and Management Accounting

成本與
管理會計

全書彩色印刷，
給您最舒適的閱讀介面！

▶ 王怡心／著

　　成本與管理會計是以提供資訊給企業內部的使用者為目的，讓管理者能對企業的營運活動，作好規劃、執行、控制的工作，以創造企業更高的價值。因此，每家企業有必要根據本身的特性與需求，擬訂成本與管理會計制度。與財務會計相比，成本與管理會計的觀念與應用，隨著資訊科技的新方式而不斷發展。因此成本與管理會計的內容必須不斷更新，以因應企業環境的迅速變化。

　　本書討論成本與管理會計的重要主題，包括作業基礎成本法(ABC)以及平衡計分卡(BSC)等。本書整合成管會的重要觀念，內文解析詳細，除可作為成本與管理會計學課程的教科書，亦可作為企業界財務主管及會計人員在職訓練的教材。

本書共有以下幾項特色：

學習目標	詳列每章學習目標，並以案例輔助說明，使您清楚了解各章重點。
實務應用	重要觀念搭配淺顯易懂的實務案例，讓理論化繁為簡。
圖文並茂	本書大量輔以豐富圖片與文字說明，翻閱其中，賞心悅目。
習題演練	書末提供作業習題，以增進讀者正確的成本與管理會計觀念。

International
Business Management

國際企業管理

你知道通用汽車如何打破障礙勇闖中國大陸市場？

友訊科技如何妥善利用國際人才，走出臺灣邁向國際？

鴻海集團如何利用國際資本市場幫助自己全球化？

如果你的競爭對手是Wal-Mart，你該怎麼辦？

▶ 陳弘信／著

本書不只告訴你知識，
更要你懂得自己思考。

　　國際企業經營管理本身包羅萬象，涉及層面既廣且深，有鑑於此，本書綜合各領域，歸納成國際經濟與環境、國際金融市場、國際經營與策略、國際營運管理四大範疇說明。為了減少國際企業管理的嚴肅性及增加讀者閱讀的興趣，在內容編排上，有以下幾項特色：

國際企業管理的架構　每章都附有架構圖，讓讀者能夠清楚認識國際企業管理的知識體系。

學習目標　每章節都有學習重點，條列探討主題。

實務現場　配合實務個案的引導，讀者可先有概括性認識，再配合關鍵思考的提醒，有利於後續章節內容的瞭解。

案例探討　章末安排個案問題與討論，讓讀者運用所學，進行邏輯思考與應用，反思回饋產生高學習效果！

中國研究

　　本書的七篇文章通過對名家著作的省思，探討的是在中國研究這個範疇中，種種歷史記憶的型塑與建構是如何被表現，敘述者如何使用語言符號來描述自己所觀察、認知到的事件。同樣一個事件，在不同的視野和敘事觀點上所表現出來的面貌可能天差地遠，如此，記憶和歷史真實其實是無法通過種種觀察或研究被客觀如實的還原，但是在每一次的研究和觀察的過程中，記憶或歷史因應著不同的時空條件被賦予新的詮釋、解釋或是敘事，從而也建構或型塑了新的記憶與歷史……

▶ 李英明／著

社會科學研究方法新論
：模型、實踐與故事

　　即使宣稱如何的客觀中立，研究者無可避免的會受到自己在時空環境下所形成的症候的影響，透過各式各樣的語言符號，來具體地描述自己的研究內容。也因此，所謂的客觀真實，事實上是我們通過語言符號所建構起來的一套論述。本書就是在這樣的思維下，思考當前的社會科學領域包括經濟學、企業管理、意識型態、國際關係等議題的研究如何可能的問題。

▶ 李英明／著